Hallo,

mehr als 20 Mio. Touristen zieht es Jahr für Jahr an den Rhein, genauer an den knapp 180 km langen Abschnitt zwischen Köln und Mainz, der mit Burgen und landschaftlicher Schönheit prunken kann. Sie wandeln auf historischen Pfaden, denn das Rheintal avancierte bereits im 19. Jahrhundert zur ersten wichtigen Touristendestination auf deutschem Boden.

DRAMATISCHE NATURKULISSE

Die frühesten begeisterten Reiseschilderungen über das Rheintal stammen vom Ende des 18. bzw. beginnenden 19. Jahrhundert. Lord Byron lobte die dramatische Naturkulisse, und Maler wie William Turner machten mit ihren Rheinansichten die Gegend populär. Ab 1827 verkehrten Linienschiffe auf dem Strom, und bei Karl Baedeker, der im selben Jahr seine Verlagsbuchhandlung in Koblenz gegründet hatte, erschien 1832 die berühmte „Rheinreise von Mainz bis Köln". Damit waren die Voraussetzungen für einen schnell wachsenden Tourismus gegeben. Vor allem Engländer besuchten zu Tausenden den Rhein.

AM BESTEN PER SCHIFF

Von seiner Faszination hat der Rhein nichts eingebüßt, was nicht zuletzt die Ernennung des Oberen Mittelrheintals zwischen Koblenz und Bingen 2002 zum Weltkulturerbe zeigt. Spätestens seitdem setzt man auf hochwertigeren Tourismus. Viele Hotels und Restaurants richten ihr Angebot auf ein anspruchsvolles Publikum aus, und mit einem ideenreichen Sportprogramm möchte man alle Altersgruppen ansprechen. Und wie die Gegend am besten erkunden? Daran hat sich seit dem 19. Jahrhundert nichts geändert: Am schönsten sind Schiffsfahrten – fernab des Verkehrslärms gleiten Sie durch eine herrliche Landschaft. Mehr über Kreuzfahrten und Schiffsausflüge erfahren Sie in DuMont „Zur Sache" auf S. 70 ff.!

Herzlich

Ihre

Birgit Borowski

Birgit Borowski
Redaktion DuMont Bildatlas

Fotograf Christian Bäck (links) hat sein Plätzchen über Burg Katz gefunden. Das hat ihm Autor Klaus Simon (rechts) verraten.

70 Eine Rheinkreuzfahrt verbindet maritimen Touch mit dem Erlebnis unzähliger Attraktionen am Ufer.

Eine von vielen im Burgenland Oberes Mittelrheintal: Burg Katz über St. Goarshausen

56

Ein ikonisches Bauwerk: der Kölner Dom

22

106 Rheinhessens Weine sind wieder im Kommen.

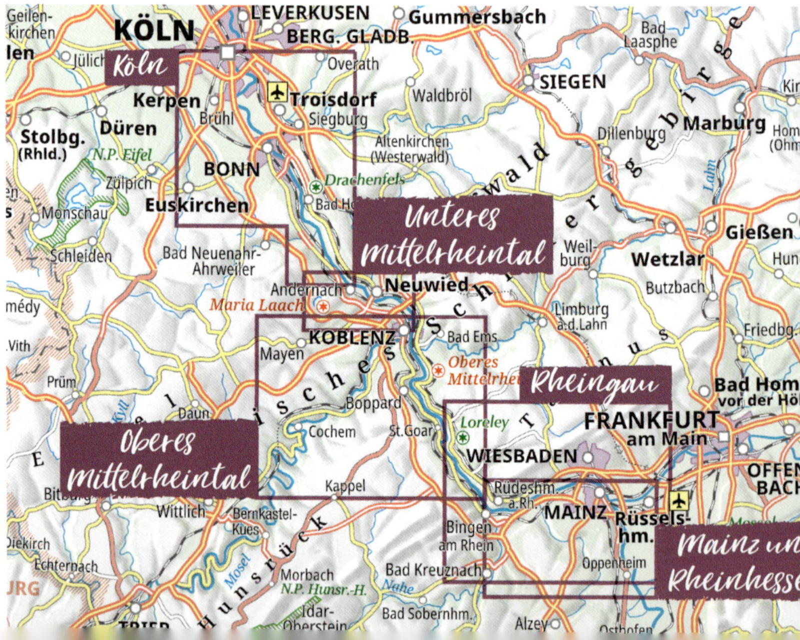

Das Beste erleben

Berührend, aufregend und spannend ...
sind unsere Ideen, die wir für Ihren Aufenthalt
am Rhein zusammengetragen haben.

Prächtige Bauten

*** 1 ***

KÖLNER DOM

Das Gotteshaus ist für manche Kunsthistoriker die vollkommene Kathedrale.

Seite 37

*** 2 ***

BAROCKKULTUR IN BRÜHL

Zur repräsentativen Residenz Augustusburg gehört das Jagdschloss Falkenlust mitsamt seinem barocken Schlosspark.

Seite 54

*** 3 ***

KULTURPARK SAYN

Neben Attraktionen wie der Burg Eltz, dem Kloster Maria Laach, der Festung Ehrenbreitstein und der Loreley gehört das Ensemble zu den „Meisterwerken der Region zwischen Rhein und Mosel".

Seite 55

*** 4 ***

FESTUNG EHRENBREITSTEIN

Die Festungsbauten in Koblenz beherbergen Sammlungen des Landesmuseums Koblenz.

Seite 75

Große Kultur

*** 5 ***

MUSEEN LUDWIG

Gleich zwei Häuser tragen den Namen Ludwig: das Kölner Museum und das in Koblenz.

Seiten 38 und 75

*** 6 ***

GUTENBERG-MUSEUM IN MAINZ

Gutenbergs revolutionäre Erfindung veränderte die Welt von Grund auf.

Seite 112

Frischer Genuss

* 7 *

SCHLOSS VOLLRADS

Nobel und in klassizistischem Ambiente setzt man sich im berühmten Schloss Vollrads zu Tisch.

Seite 94

* 8 *

KLOSTER EBERBACH

Weinprobe in Eberbach: Das ehemalige Zisterzienserkloster war immer auch Weingut und lädt heute zu Weinproben.

Seite 95

Blau-grüne Wunder

* 9 *

SIEGMÜNDUNG BEI BONN

Das Naturrefugium mit seinen Auwäldern ist die letzte naturbelassene Mündung eines Rheinnebenflusses.

Seite 53

* 10 *

BOPPARD

Beim Vierseenblick überschneiden sich Rheinschleife und Schieferhänge so sehr, dass man meint, von hier auf vier Seen zu schauen.

Seite 76

DAS SIND AUSSICHTEN!

Burgenreich ist das Rheintal, und man wird nicht müde, dieses Ensemble – Burgen und Burgruinen aus alter Zeit, den gemächlich dahinströmenden Fluss und die sich die Hänge emporziehenden Rebstöcke – zu betrachten. Die Marksburg oberhalb von Braubach ist ein Höhepunkt in diesem Bilderreigen.

KÖLN LEUCHTET

Die Millionenstadt strahlt mit ihrer Lebenslust, dem Kulturangebot und dem Dom, Deutschlands bekanntestem Baudenkmal. Events, Konzerte und das umtriebige Nachtleben locken junge Zuzügler an. Denn die Lichter gehen vom Eigelstein bis in die Südstadt erst bei Sonnenaufgang aus.

KUNSTVOLLES RHEINLAND

Die von Duane Hanson 1977 geschaffene hyperrealistische (und häufig zu Verwechslungen mit „echten" Museumsbesucherinnen führende) „Woman with a Purse" ist ein Schlüsselwerk im Museum Ludwig in Köln, einer der weltweit führenden Sammlungen zeitgenössischer Kunst.

VIELFALT FÜR GENIESSER

Weinlese ist überwiegend Handarbeit, so auch in den Weinbergen von Schloss Johannisberg in Geisenheim. Die Traubenfülle berechtigt in einer Genießerregion wie dem Rheingau zu den schönsten Hoffnungen. Im Frühjahr kann der neue Jahrgang in Gutshöfen, Kellern und Straußwirtschaften probiert werden.

DIE FÜSSE IM SAND

Vom Ufer den Blick auf den Strom genießen oder lieber aufs Schiff steigen? Bei der klassischen Rheinkreuzfahrt ziehen Weinlagen, Burgen und Naturschönheiten vorbei. Obwohl – relaxen im Beach Club in Mainz hat natürlich auch etwas …

RHEINROMANTIK

Das „Alte Haus" in Bacharach wurde 1368 erbaut, so ist es an der Fassade vermerkt. Butzenscheiben und das fein ausgeführte Fachwerk machen es zu einem Fixpunkt der Rheinromantik.

Die besten Winzer von Koblenz bis Mainz

WEINFREUDEN IM RHEINTAL

Der Mittelrhein dürfte die unbekannteste unter den deutschen Weinbauregionen sein. Dabei wachsen auf den Schieferböden hervorragende Rieslinge. Anders verhält es sich in Rheinhessen, das als Boomregion gilt. Ganz zu schweigen vom Rheingau, wo einige Lagen als äußerst hochkarätig angesehen werden.

❶ Winzer des Jahres

2012 ernannte der renommierte Weinguide Gault-Millau Matthias Müller aus Spay zum „Winzer des Jahres". Seitdem sind die Rieslinge von den Schieferböden der Lage Bopparder Hamm auch einem größeren Publikum bekannt. Zu Recht! Die Weine des binnen 20 Jahren von vier auf stolze 12 Hektar vergrößerten Familienbetriebs sind würzig, rassig und überzeugen durch ihre tiefgründige Mineralität. Mit 92 Prozent Flächenanteil bleibt der Riesling im Müller'schen Weinberg König. Die hypermoderne, zwischen Fachwerk und Feuerwache gebaute Vinothek ist ein Kubus aus Glas, Aluminium und Schiefer, der mit den Farben Grün und Gelb die Färbung der Weinblätter aufnimmt. Was die Stärke des Terroirs ausmacht? „Steillagen-Riesling aus dem Bopparder Hamm hält eine gute Balance zwischen temperamentvoller Säure und zarter Süße", erklärt Matthias Müller.

Weingut Matthias Müller
Mainzer Str. 45, 56322 Spay,
Tel. 02628 87 41,
www.weingut-matthias mueller.de

❷ Nicht nur Riesling

Beim emsigen Winzer Thomas Perll, der das alteingesessene Gut heute leitet, gibt es neben tollen Rieslingweinen aus dem Bopparder Hamm auch andere Rebsorten zu entdecken – etwa die feinwürzige Grauburgunder Auslese aus der Lage Feuerlay, die zudem erfreulich trocken ausfällt, es mit 13,5 % Alkoholgehalt jedoch in sich hat. Mandelstein, Ohlenberg und Fässerlay heißen die anderen Lagen der Perlls, mit Böden aus Devonschieferverwitterung und Grauwacke. Herrlich: der Riesling Alte Reben aus dem Mandelstein sowie die Riesling Spätlese aus der Fässerlay mit viel Schmelz und noch mehr Länge. Und die Preise bleiben im Keller. Bei Flaschenpreisen, die zwischen 6,50 € für ein Hochgewächs und 11 € für eine Auslese rangieren, schenkt man sich gerne nach.

Weingut August Perll
Oberstr. 77–81,
56154 Boppard,
Tel. 06742 39 06,
www.perll.de

❸ Ausbalanciert

Eine Frau im Weinberg – es bleibt leider immer noch die Ausnahme. Umso erfreulicher ist der Erfolg von Eva Fricke, die zeigt, dass sie nicht nur Riesling kann. Typische Rheingau-Rieslinge wie der Lorcher Riesling Wisperwind oder der Mélange Rheingau Riesling überzeugen durch mineralische Spannung, sind rund von Bukett bis Abgang. Beim Sekt aber lässt uns die Winzerin schäumen vor Glück. Eva Fricke ist eine klassische Newcomerin. Wein wollte die Bremerin eigentlich schon immer machen. Im Rheingau wurde sie fündig und hat aus dem Nichts ein Weingut mit 13 Hektar und ökologischer Bewirtschaftung geschaffen. Bravo!

Elisabethenstraße 6,
65343 Eltville,
Tel. 6123 70 36 58,
www.evafricke.com

4

1

4

4 Das Monument

Von einem Monument soll die Rede sein. Was Robert Weil (1843–1923) für das internationale Renommee deutscher Weine getan hat, würde es locker rechtfertigen, dem Rheingauwinzer ein Denkmal zu errichten. Bis es soweit ist, begnügen wir uns mit einer Flasche aus seinem Keller. Etwa einem trockenen Riesling vom Kiedricher Turmberg, der nach Weinbergpfirsich, Limette und Kräutern schmeckt. Oder eine Trockenbeerenauslese aus derselben Lage mit Aromen von Papaya, Ingwer und mit sehr zarter Säure. Monumental, fürwahr! Aber nicht fett. Der Winzer Wilhelm Weil tritt mehr denn je für eine „Entfettung der Rieslinge" ein. Seine Weine werden daher Jahr für Jahr feiner, fester und schlanker. 90 Hektar umfasst das Weingut heute. 650 000 Flaschen werden im Jahresmittel produziert. Aber jede ist einzigartig und unverkennbar ein Weil.

Weingut Robert Weil
Mühlberg 5,
65399 Kiedrich,
Tel. 06123 23 08,
www.weingut-robert-weil.com

5 Newcomer

Hinter dem Aussiedlerhof, der Mitte der 1960er-Jahre an den Rand von Hahnheim verlegt wurde, steht die Winzerfamilie Koch. Charlotte und Herbert Koch bewirtschaften 15 Hektar Reben, teils in Rheinhessen, teils in der Pfalz. Spitzenlagen sind der Hahnheimer Moosberg, die Gimmeldinger Meerspinne, der Hahnheimer Knopf und der Sörgenlocher Moosberg. Die sorgfältig ausgebauten Weine sind durchweg facettenreich und saftig. Neben dem unumgänglichen Riesling sorgen seltene Weißweinrebsorten wie der Gelbe Orléans für echte Überraschungen. Der von Napoleon geschätzte Wein gewann einmal bei der Berliner Wine Trophy Gold. Auch die ins Abseits geratene Scheurebe oder ein roter Acolon gefallen als trockene, feine Tropfen. Noch ein Tipp ist die rote Cuvée aus Acolon und St-Laurent. Bitte weiter so.

Weingut Abthof
Bahnhofstr. 27,
55278 Hahnheim,
Tel. 06737 3 80,
www.weingut-abthof.de

Köln

*

EINE STADT ALS GEFÜHL

*

Kölns Beschwingtheit ist ansteckend. Hinfahren genügt. Den Rest übernehmen die Kölner. Und setzen sich gern eine rosa Brille auf. Köln ist überall schön, so ihr Credo. Wohlmeinende sprechen eher mal von kreativem Chaos. Das neue Köln aber ist nicht nur „ein Gefühl“, so der Slogan von KölnTourismus, sondern zeigt attraktive Seiten.

Vom Deutzer Ufer geht die Hohenzollernbrücke hinüber zum linken Rheinufer, wo Groß St. Martin und der Dom strahlen.

Zum Leben im „Veedel" gehören entspanntes Beobachten des Straßenlebens, Zeitung lesen in der Eckkneipe – hier im Salon Schmitz im Belgischen Viertel (oben rechts) –, ein Kölsch, ausgedehntes Shopping, etwa im Blutsgeschwister La Kölsche Vita (Mitte rechts) …

… und das Hallmackenreuther, ebenfalls im Belgischen Viertel, eine Institution seit mehr als 30 Jahren und „das schönste Café Deutschlands" laut der Tageszeitung „Welt".

Der Kölner Fischmarkt liegt etwas abseits vom brandenden Innenstadtverkehr und atmet im Schatten von Groß St. Martin ein wenig Altstadtflair.

Im „Veedel" ist Köln nicht mehr Stadt, sondern Großdorf, und damit ganz bei sich. Schnelles Durchrauschen auf dem Weg ins Büro? Keine Chance, denn der Nachbar hat immer Zeit für eine flapsige Bemerkung. An der Ecke tritt der Friseur vor die Tür, um über das Wetter zu philosophieren. Beim Bäcker müssen Bedienung und Tischnachbarn in aller Breite neueste Nachbarschaftsgerüchte und große Weltpolitik durchhecheln. „Verzäll" nennt sich das Ritual, bei dem alle über alles und mit jedem durcheinanderplappern. Insoweit ähneln sich die 86 Kölner Veedel. Ansonsten ist jedes Veedel anders. Hip und chic kommt das Belgische Viertel daher. Lindenthal ist kreuzbrav und bürgerlich, der Eigelstein eine Mischung aus Klein-Istanbul und gentrifiziertem Kiez.

Den Vogel in der nach oben offenen Beliebtheitsskala Kölner Veedel schießt aktuell Sülz ab – zumindest bei Umfragen unter Wohnungssuchenden und Maklern. Das fängt schon beim Namen an. Kölscher als Sülz kann kein Veedel heißen. Darüber hinaus stimmen die Zutaten. Als da wären Haus Unkelbach, ein urkölsches Brauhaus mit Biergarten. Das Weyertal, eine Café- und Restaurantmeile, die im Sommer geradezu italienische Lebensfreude versprüht. Der Italiener Bisù, der so etwas wie die Veedels-Kantine ist. Die Kaffeerösterei Ernst, de-

Rathausturm, Dom und Groß St. Martin gehören zu Kölns Altstadt und bilden samt der Weißen Flotte auf dem Rhein ein wunderschönes Panorama.

Die 1643 gestiftete Goldene Kammer von St. Ursula ist ein begehbarer Reliquienschrein.

Himmelstürmende Gotik, die die Blicke unwillkürlich nach oben lenkt: im Mittelschiff des Kölner Doms

»MER LOSSE D'R DOM EN KÖLLE, DENN DO JEHÖT HÄ HIN. WAT SOLL DÄ DANN WOANDERS, DAT HÄT DOCH KEINE SENN.«

Bläck Fööss

ren Terrasse sich als der strategisch wichtigste Platz in Sülz behauptet – an ihr kommt niemand ungesehen vorbei. Und als echtes Veedel hat es zudem einen eigenen Karnevalszug – am Karnevalsdienstag findet er statt, wenn in der Innenstadt alles fast wieder vorbei ist.

WAHRZEICHEN DOM

Köln, 15. August 1248. Erzbischof Konrad von Hochstaden legt an Mariä Himmelfahrt den Grundstein für den neuen, im gotischen Stil zu errichtenden Dom. Dessen gewaltige Ausmaße sollen die Pilgermassen, die seit der Überführung der Reliquien der Heiligen Drei Könige in die Stadt am Rhein 1164 anwachsen, aufnehmen. Dass es mehr als 600 Jahre bis zur Vollendung dauern sollte, konnte niemand ahnen. 1560 kamen die Arbeiten aus Geldmangel zum Stillstand, um erst wieder im 19. Jahrhundert aufgenommen zu werden. Ab 1842 wurde weitergebaut. Diesmal legte kein katholischer Kirchenfürst, sondern – furchtbar, dies sagen zu müssen – der protestantische Preußenkönig Wilhelm IV. den Grundstein. Einerlei, 1880 war der Dom vollendet.

Mit knapp 8000 Quadratmeter Fläche ist er Deutschlands größtes Gotteshaus. Die UNESCO hat ihn 1996 zum Welterbe erklärt. An die 20 000 Besucher strömen im Tagesdurchschnitt vor das wie eine Rakete von der Domplatte gen Himmel abhebende Westwerk: Kein Bauwerk in Deutschland, auch nicht Neuschwanstein, lockt mehr Besucher an. Die Bomben des Zweiten Weltkriegs hat der Dom leidlich überstanden. Ein Wunder, klar doch. Umso stärker wirkt seine Verankerung in der Kölner Seelenlandschaft: Wo der Dom steht, ist Heimat.

AUFSCHWUNG IM MITTELALTER

Es gibt sie gleich im Dutzend. So viele große romanische Kirchen zählt „et hillije Kölle“. Alle zwölf liegen innerhalb der Stadtmauer von 1180 – eine europaweit einmalige Ballung. Zu erklären ist der architektonische Reichtum mit der Bedeutung Kölns als größter deutscher Stadt des Mittelalters. Als das „Rom des Nordens“ zu Beginn der Neuzeit wegen sich verlagernder Welthandelsrouten verarmte, fehlten die Mittel, die Kirchen im Zeitgeschmack der Renaissance oder des Barock umzugestalten.

Die schweren Zerstörungen an fast allen romanischen Kirchen im Zweiten Weltkrieg sind behoben. 1985 konnte mit dem „Jahr der romanischen Kirchen“ die Wiederherstellung der Gotteshäuser gefeiert werden. Auf seine eigene Art reizvoll ist jedes. Der wuchtige Vierungsturm von Groß St. Martin prägt die

Kölns Museumslandschaft umfasst so Vielfältiges wie die Garden Gallery von Sou Fujimoto im Skulpturenpark (oben links), Sonderausstellungen – etwa von David Hockney (oben rechts) – im Museum Ludwig und das Abenteuer-Museum Odysseum (unten links).

Rheinuferfront vor der Altstadt. Der Kleeblattchor von St. Aposteln gilt als Hauptwerk der Romanik im Rheinland. Unter St. Severin liegt ein vorchristliches Gräberfeld. In der Schreckenskammer von St. Ursula schauen einen die samtbestickten Schädel der 11 000 im Gefolge der heiligen Ursula angeblich vor den Toren der Stadt von Hunnen dahingemetzelten Jungfrauen an …

BÜRGERMUSEEN UND KUNST

Bürger der Stadt haben die Kunststadt Köln aus der Taufe gehoben. Auf eine Schenkung des letzten Rektors der alten Kölner Universität, Ferdinand Franz Wallraf (1748–1824), und eine Stiftung des Kölner Kaufmanns Johann Heinrich Richartz (1795–1861) geht die Gemälde-

PRIVATES MÄZENATENTUM HAT KÖLN ZU SEINER MUSEUMSLANDSCHAFT VERHOLFEN.

sammlung des Wallraf-Richartz-Museums zurück. Grundstein für das Museum Schnütgen war die Sammlung mittelalterlicher Kunst von Alexander Schnütgen, die der Theologe 1906 der Stadt stiftete. Die Sammlung moderner Kunst, die der Rechtsanwalt Joseph Haubrich der Stadt nach dem Zweiten Weltkrieg vermachte, bereichert das Museum Ludwig, das wiederum auf die Schenkung der Aachener Schokoladenproduzenten und Kunstmäzene Peter und Irene Ludwig von 1976 zurückgeht. Es war die Zeit, als Köln als Kunstmetropole zu New York aufrückte, die Zeit, in der Fluxus, Happening, Pop Art und Neue Wilde gleichbedeutend mit made in Cologne waren, als die Art Cologne zu Europas bedeutendster Kunstmesse aufstieg. Vorbei. Die Karawane der Galeristen und Künstler ist inzwischen nach Berlin weitergezogen. Geblieben sind Stars der internationalen Kunstszene wie Gerhard Richter und Rosemarie Trockel.

Der Dom als Kulisse: Die Kranhäuser von BRT Bothe Richter Teherani und Linster Architekten nutzen die alten Kais des Rheinauhafens.

Beachvolleyball und danach ein Kölsch unter den alten Monumenten der Arbeit am Südende des Rheinauhafens

Wo einst Flussschiffe ihre Ladung löschten, dümpeln heute Sportboote.

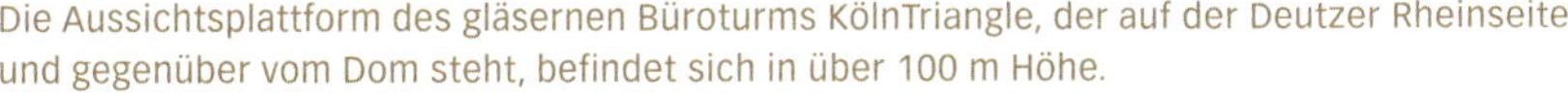

Die Aussichtsplattform des gläsernen Büroturms KölnTriangle, der auf der Deutzer Rheinseite und gegenüber vom Dom steht, befindet sich in über 100 m Höhe.

Kletternd über den Rhein – die Hohenzollernbrücke macht es möglich.

ES TUT SICH ETWAS AUF DER SCHÄL SICK, DEM „BLINDEN" RECHTEN RHEINUFER.

Geblieben sind auch im internationalen Kunstmarkt etablierte Galerien wie die von Gisela Capitain, Daniel Buchholz oder Delmes & Zander.

INTEGRATIONSMODELL KÖLN

„Drink doch ene met" – der Titel eines Lieds der Bläck Fööss ist Programm. Köln integriert jeden. Der in Polen geborene Fußballspieler Lukas Podolski eroberte beim 1. FC Köln rasch die Herzen der Kölner. Der Weltenbummler „Prinz Poldi" – Bayern, Italien, Japan, Türkei, Polen – ist seit 2018 Betreiber eines Döner-Imperiums in der Domstadt und bleibt „ne Kölsche Jong", eine Galionsfigur für Köln. Auch nach dem Rückzug aus der Kommunalpolitik eine der populärsten Politikerinnen ist die in Istanbul geborene Autorin Dr. Lale Akgün. Und Marcus Gottschalk, Vorstandsmitglied der Prinzen-Garde und Protokollchef des Dreigestirns: Als er 2012 Köln als Karnevalsprinz begeisterte, war sein Lebensgefährte mit von der Partie: „Ich habe mich und meinen Partner nie versteckt. Wir leben doch in Köln." Eben.

NEUES KÖLN

Es hat etwas gedauert, bis Köln nach dem städtebaulichen Innovationsschub der 1980er-Jahre Kraft für einen neuen großen Wurf gesammelt hatte. Damals wurde die Altstadt dank der Verlagerung des Verkehrs in den Rheinufertunnel an den Strom zurückgeführt, die wegweisende Bebauung um Groß St. Martin vollendet, das Museum Ludwig eröffnet.

Fast zwei Jahrzehnte lang geschah danach in städtebaulicher Hinsicht eher wenig. Mit dem Beginn des neuen Jahrtausends war Kölns städtebaulicher Dornröschenschlaf endlich beendet. So wurde 2001 im MediaPark der 148 Meter hohe KölnTurm eingeweiht – auf der von Jean Nouvel konzipierten Fassade changieren Ansichten des Doms und der Altstadt. Dann ging es Schlag auf Schlag weiter. Renzo Piano baute sein Weltstadthaus, dessen silbrig schimmernder Walfischbuckel über der Fußgängerzone Wellen schlägt. Als neue Visitenkarte der Stadt aber gilt der Rheinauhafen. Kühn auskragende Kranhäuser, die zu Lofts umgebaute alte Speicherstadt, die futuristische Microsoft-Zentrale katapultieren Köln in die architektonische Oberliga zeitgenössischen Bauens. Im Süden setzt das Bayenthal Pumpwerk von Kaspar Kraemer den chamäleonhaft wechselnden Schlusspunkt: Bei Normalpegel leuchtet der gläserne Kubus grün, bei Hochwasser rot.

SCHÄL SICK WAR EINMAL

Es tut sich etwas auf der Schäl Sick, dem „blinden" rechten Rheinufer. „Blind", weil den Gäulen auf dem Treidelpfad auf dem linken Rheinufer das Auge zur Wasserseite verklebt wurde, sodass die Tiere

Funkenmariechen und Spielmannszüge gehören zu jeder Karnevalssitzung – auch beim Traditionskorps Altstädter Köln 1922 im Gürzenich.

Ein Jeck schöner als der andere – mit Perücke, Hütchen und quietschbunt, …

… mit oder ohne Karnevalsorden. Alle sind sie unterwegs zum Rosenmontagszug.

Wenn endlich „d'r Zoch kütt", der Rosenmontagszug kommt, und es Kamelle und Strüssjer regnet, gibt es kein Halten mehr.

nicht durch Lichtreflexe gestört wurden. Im Wortsinn herausragend für den städtebaulichen Aufbruch auf der rechten Rheinseite gilt der gläserne Büroturm KölnTriangle. Von seiner Aussichtsplattform hat man den spektakulärsten Rundumblick über die Domstadt. Überhaupt, nirgendwo ist Köln schöner als vom Deutzer Ufer aus betrachtet. Bis 2016 wurde daher die Uferpromenade in Köln-Deutz aufwendig neu gestaltet. Zwischen Hohenzollernbrücke und Severinsbrücke ist das Deutzer Ufer nun eine schicke Flaniermeile mit vielen Sitzgelegenheiten auf hohen Stufen, die an ein antikes Amphitheater denken lassen. Mit dem Wegzug vieler Industrieunternehmen sind die rechtsrheinischen Viertel Deutz, Kalk, Porz, Poll als Wohnviertel attraktiv geworden. Schicke Lofts und in ihrer Vielfalt überraschende Guerillagärten bestimmen heute das Bild.

Mit 20000 Plätzen, Megakonzerten, Veranstaltungen und TV-Shows macht die Lanxess-Arena den Mangel an Museen und Baudenkmälern wett. Die Köln Arcaden locken mit rund 180 Geschäften. Der Fernsehsender RTL ist in die denkmalgeschützten Messehallen aus den 1920er-Jahren gezogen. Jetzt folgt das Großprojekt Deutzer Hafen. Zwischen Deutzer Brücke und Poller Wiesen entsteht auf 37,7 Hektar Kölns neuestes Veedel, hypermodern, mit Rheinblick.

KÖLN, KARNEVAL UND KAMELLE

Zwischen der Eröffnung der Session am 11.11. und Aschermittwoch gibt es kein Entkommen vor der „superjeilen Zick", vulgo Karneval. Pinguine machen den Neumarkt unsicher, Krankenschwestern stürmen die Eckkneipe und trinken so lange Kölsch, bis der Arzt kommt. Oder der Räuber sie holt. Ab Weiberfastnacht kocht die Stadt: Der Straßenkarneval ist eröffnet. „Et Trömmelche jeht, un alle stonn parat." Wer jetzt die Stadt nicht verlassen hat, geht im Strudel der Jecken unter. Herrlich! Dann kommt Rosenmontag: Vom Himmel regnet's Kamelle, Gummibärchen und Strüssjer. Immer noch herrlich ...

Die schönsten Lokale mit Aussicht

EINKEHR MIT BLICK AUF DEN STROM

Ausflugslokale am Rhein gibt es wie Sand am Meer. Solche, die die Aussicht auf den Strom mit guter Küche und Verweilqualität verbinden, sind schon seltener. Wie in allen stark besuchten Gegenden setzen viele Wirte auf den flotten Euro. Eine tosende Uferstraße schmälert das Vergnügen. Dass es auch anders geht, beweisen diese Adressen.

6

1

1 Biergarten & Beachclub

Der Bau ist ein Überbleibsel der Bundesgartenschau von 1957 und strahlt die beschwingte Heiterkeit jener Jahre aus. Die Lage: unschlagbar! Nach Nordwesten baut sich das gotische Gebirge des Doms auf, zu dessen Füßen sich Köln von seiner Schokoladenseite zeigt. Im Biergarten fließt das Kölsch, im Beachclub stärkt man sich mit einem Dom-Burger.

Rheinterrassen
Rheinparkweg 1,
50679 Köln,
www.rheinterrassen.eu
Mi., Do. 17.00–22.00, Fr. 16.00–24.00, Sa., So. 12.00 bis 24.00 Uhr

2 Ein Stern geht auf!

Jan Cornelius Maier und Tobias Becker: macht maiBeck, und damit eins der besten Restaurants von Köln – und das im touristischen Hotspot Altstadt. Trotz Michelin-Stern geht es unprätentiös zu, was nicht zuletzt auf der gewinnenden Art der beiden Chefs beruht. Der Saal ist puristisch, die Küche so modern und regional wie geradlinig. Produktqualität hat oberste Priorität, sei es beim Tartar vom Ochsen mit Matjes und Eigelb, sei es bei der Apfeltarte. Alles nicht ganz billig, aber jeden Cent wert. Der Clou: die Terrasse zum Rheinufer.

maiBeck
Am Frankenturm 5,
50667 Köln,
Tel. 0221 96 26 73 00,
www.maibeck-fuerdich.de,
So., Mo. geschl.

3 Industrieller Charme

Der gründerzeitliche Industriebau gehörte einst zum Bonner Bergwerks- und Hütten-Verein. Nach dem Umbau zur Gaststätte stieg die Rohmühle im Nu zum Place to be auf. Das liegt zum einen an der Lage. Die Rohmühle thront direkt am Rheinufer, zwischen Post Tower und T-Mobile in Oberkassel, mit Blick aufs Siebengebirge. Hinzu kommen Saisonevents vom Osterbrunch über das Spargelmenü im Frühling bis zum Gansessen im November. Doch vor allem im Sommer, wenn über dem Rhein ein Hauch von Süden weht, ist die Rohmühle ein Ort, den man nur mit einem Seufzer auf den Lippen verlässt. Morgen aber ist wieder geöffnet. Garantiert.

Rohmühle
Rheinwerkallee 3,
53227 Bonn,
Tel. 0228 410 07 07,
www.rohmuehle.com,
Mo.-Sa. 10.00–23.00,
So. u. Fei. 9.30–23.00 Uhr

4 Berlin am Rhein

Seit die legendäre Berliner Weinhandlung Lutter & Wegner das nicht minder legendäre Ausflugslokal wieder auf Kurs gebracht hat, weht ein frischer Wind durch die Ruine der Rolandsburg. Der Blick durch den Bogen bleibt unverändert grandios, die Lage über dem Rhein schwindelerregend. Die Karte überzeugt mit moderner, regional beeinflusster Bistroküche.

Restaurant am Rolandsbogen
Rolandsbogen 0,
53424 Rolandswerth,
Tel. 02228 372,
www.rolandsbogen.de,
Mi.–So. ab 12.00 Uhr

5 Beim Winzer

Der Rheinsteig führt quasi an der Haustür des Weinguts vorbei – Wanderer gehören daher nicht selten zu den Gästen. Die hervorragenden Weine der Didingers stehen natürlich im Vordergrund. Zudem schaut man von der lauschigen Terrasse über den Strom auf die Lage Bopparder Hamm. Von dort stammen die meisten der hauseigenen Weine. Die Vesperkarte bietet Deftiges zu vernünftigen Preisen. Etwas vergessen? Ja, die Didingers sind reizende Gastgeber.

Gutsausschank Didinger
Rheinuferstr. 13,
56340 Osterspai,
Tel. 02627 512,
www.weingut-didinger.de,
Do.–So. ab 15.00 Uhr

6 Mit Verweilqualität

Dörscheid liegt nicht direkt am Rhein, aber der Blick vom Dorf in schwindelnder Höhe über dem rechten Ufer des Stroms ins Tal ist umwerfend. Das jüngst schick umgebaute Hotel-Restaurant wird von Nadja und Marcus Fetz bereits in der dritten Generation geführt. Die Fetz' sind auch Winzer und brennen tolle Brände – beides kommt im Restaurant zum Zuge. Auf der Karte stehen Gerichte einer neuen deutschen Küche, so: rosa gebratene Tranchen von der Rehkeule mit Sellerie-Schokoladenpüree und Thymiankrapfen.

Fetz – Das Loreley Hotel
Oberstraße 19,
56348 Dörscheid,
Tel. 06774 267,
www.fetz-hotel.de,
Öffnungszeiten s. Website

7 Ahoi!

Kein Schiff wird mehr kommen am alten, denkmalgeschützten Anleger von Eltville, doch dafür kann man hier bei Bratwurst mit hausgemachtem Meerrettichsenf, asiatischem Spitzkohlsalat, Zander auf Petersilienrisotto oder Sauerampfereis vor Anker gehen. So schmeckt ein Ausflugslokal im 21. Jahrhundert! Was bleibt, sind der Blick auf den Strom und die zauberhafte Warte- und Schalterhalle aus der Gründerzeit.

Anleger 511
Platz von Montrichard 2,
65343 Eltville,
Tel. 06123 68 91 68,
www.anleger511.de,
Mi.–So. 12.00–22.00 Uhr

8 Unter Ruderern

Der Weg über die von Platanen beschattete, neu gestaltete Uferpromenade wäre bereits Ziel genug. Als Belohnung für den netten Spaziergang lockt zudem die frische Regionalküche im schicken, entschieden modernen Gebäude des Mainzer Rudervereins. Durch die Panoramafenster schweift der Blick über den Strom. Dazu gibt es günstige Currywurst mit Pommes oder Gillardeau-Austern zu 7 € das Stück.

Bootshaus
Victor-Hugo-Ufer 1,
55116 Mainz,
Tel. 061311 43 87 00,
www.bootshausmainz.de,
Mi.–So. 11.00–23.00 Uhr

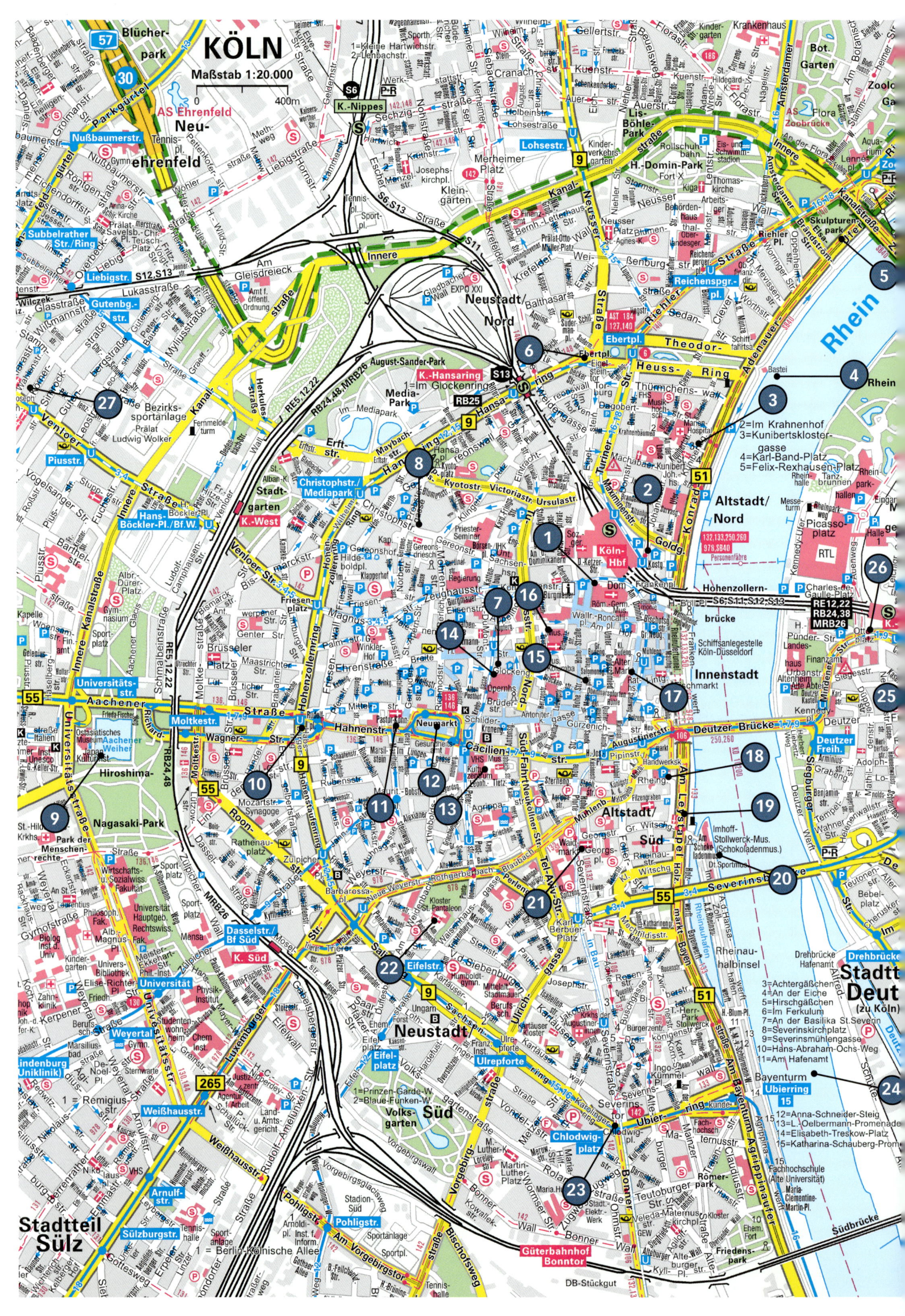

KÖLN
Maßstab 1:20.000
0
400m
1=Kleine Hartwichstr.
2=Lehbachstr.
K.-Nippes
AS Ehrenfeld
Neu-
ehrenfeld
Blücher-
park
Nußbaumerstr.
Subbelrather Str./Ring
Liebigstr.
Gutenbg.-str.
Lohsestr.
H.-Domin-Park
Neustadt/
Nord
August-Sander-Park
K.-Hansaring
1=Im Glockenring
Media-
Park
Ebertpl.
Theodor-
Heuss-
Ring
Rhein
Bastei
2=Im Krahnenhof
3=Kunibertsklostergasse
4=Karl-Band-Platz
5=Felix-Rexhausen-Platz
Bezirks-
sportanlage
Piusstr.
Christophstr./
Mediapark
K.-West
Hans-
Böckler-Pl./Bf.W.
Köln-
Hbf
Dom
Altstadt/
Nord
Hohenzollern-
brücke
Innenstadt
Deutzer Brücke
Deutzer Freih.
Universitätsstr.
Aachener
Straße
Moltkestr.
Hahnenstr.
Neumarkt
Cäcilien
Hiroshima-
Nagasaki-Park
Park der
Menschenrechte
Altstadt/
Süd
Severinsbrücke
Rheinau-
halbinsel
Drehbrücke
Stadtteil
Deutz
(zu Köln)
Dasselstr./
Bf Süd
K. Süd
Eifelstr.
Eifel-
platz
Neustadt/
Süd
Ulrepforte
Volks-
garten
1=Prinzen-Garde-W.
2=Blaue-Funken-W.
Chlodwig-
platz
Weyertal
Universität
Lindenburg
(Uniklinik)
Weißhausstr.
1 = Remigius-
Arnulf-
str.
Sülzburgstr.
Stadtteil
Sülz
1 = Berlin-Kölnische Allee
Pohligstr.
Güterbahnhof
Bonntor
DB-Stückgut
3=Achtergäßchen
4=An der Eiche
5=Hirschgäßchen
6=Im Ferkulum
7=An der Basilika St.Severin
8=Severinskirchplatz
9=Severinsmühlengasse
10=Hans-Abraham-Ochs-Weg
11=Am Hafenamt
Bayenturm
Ubierring
12=Anna-Schneider-Steig
13=L.-Oelbermann-Promenade
14=Elisabeth-Treskow-Platz
15=Katharina-Schauberg-Prom.
Südbrücke
1
2
3
4
5
6
7
8
9
10
11
12
13
14
15
16
17
18
19
20
21
22
23
24
25
26
27

LEBENSLUSTIGSTE STADT DEUTSCHLANDS

„Mir sin die Weltmeister vum Rhing." So wunderbar gossen die Bläck Fööss das Kölner Lebensgefühl in eine Liedzeile. Ende 2023 kam die Millionenstadt auf 1 087 353 Bewohner. Für Kölner ist ihre Heimatstadt ohnehin die Größte: Ausgelassener wird nirgends gefeiert, toleranter ist kein Ort der Republik, größer kein Dom.

Geschichte

Den Anfang machten die germanischen Ubier. Deren Siedlung wurde 50 n. Chr. zur römischen Kolonie mit Stadtrecht: Colonia Claudia Ara Agrippinensium. In der Spätantike war Köln fränkische Königsresidenz, bereits Ende des 8. Jh. Sitz eines Erzbischofs. Im Mittelalter sorgten Handel und Rheinzoll für Wohlstand. Mit der Überführung der Reliquien der Heiligen Drei Könige nach Köln 1164 wurde die Stadt europäischer Wallfahrtsort. Die 1475 zur Freien Reichsstadt erklärte Rheinmetropole verlor im 16. Jh. den Anschluss an die Neuzeit.
Auf die Franzosen (1801) folgten 1815 die Preußen, unter denen 1823 der erste geordnete Rosenmontagszug durch Köln zog. 1917 wurde Konrad Adenauer Oberbürgermeister; bis zu seiner Amtsenthebung durch die Nazis 1933 wurden die seit 1798 geschlossene Universität neu eröffnet, die Messe gebaut sowie der Innere und Äußere Grüngürtel angelegt. Am Ende des Zweiten Weltkriegs ist Köln zu 70, die Innenstadt sogar zu 90 Prozent zerstört – der Dom blieb stehen. Erst in den 1980er-Jahren gelingt mit der Neugestaltung der Altstadt und der Museumslandschaft auf dem Domhügel ein städtebaulicher Qualitätssprung. Das 2002 eingeleitete Jahrhundertprojekt Rheinauhafen – der Umbau des Hafenviertels in ein modernes Wohn-, Dienstleistungs- und Museumsquartier – wurde 2014 abgeschlossen. Mit dem Großprojekt Deutzer Hafen entsteht bis 2030 ein neues Quartier am Wasser, diesmal auf der rechten Rheinseite – auf 37,7 ha.

INFORMATION
KölnTourismus, Kardinal-Höffner-Platz 1, 50667 Köln, Tel. 0221 34 64 30, www.koelntourismus.de

Museum Ludwig hinter dem Kölner Dom; Rathaus am Alter Markt; St. Gereon verbindet Spätantike mit mittelalterlicher Baukunst.

Sehenswert

DOM
Der ab 1248 errichtete gotische **1 Dom St. Peter und Marien** TOPZIEL (www.koelner-dom.de; tgl. 6.00–20.00 Uhr) überragt mit seinen 157 m hohen Türmen die Stadt Köln. Der Dreikönigenschrein hinter dem Hochaltar ist ein Meisterwerk mittelalterlicher Goldschmiedekunst, das angeblich die Gebeine von Caspar, Melchior und Balthasar hütet. Das Chorgestühl (um 1320) gilt als größtes Deutschlands, das Gerokreuz (um 980) in der Kreuzkapelle als die älteste Großskulptur des Heilands nördl. der Alpen. Das älteste Fenster des Doms (um 1260) in der Dreikönigskapelle zeigt Szenen aus dem Neuen und Alten Testament; das jüngste im Südquerhaus, ein aus Farbquadraten geschaffenes Lichtwunder (2007), stammt von Gerhard Richter. Die Domschatzkammer (Nordseite) zeigt sakrale Kunst von der Spätantike bis ins 20. Jh. (www.koelner-dom.de/besuchen/domschatzkammer; tgl. 10.00–18.00 Uhr). Der Südturm kann bestiegen werden: Nach 533 Treppenstufen reicht der Blick bis zum Siebengebirge (Mai–Sept. tgl. 9.00–18.00, März, April, Okt. bis 17.00, Nov.–Feb. bis 16.00 Uhr).

NÖRDLICHE ALTSTADT
Die **4 Bastei,** ein expressionistisches Ex-Panoramarestaurant, und die dreitürmige Kirche **3 St. Kunibert,** die jüngste der zwölf romanischen Kirchen Kölns, prägen die Rheinfront der nördl. Altstadt. Dahinter liegen mit dem **Kunibertsviertel** und dem **Eigelstein** zwei volkstümliche und bei jungen Kreativen beliebte Veedel. Die **6 Eigelsteintorburg** (13. Jh.), eines der erhaltenen mittelalterlichen Stadttore, grenzt die Altstadt nach Norden ab. Ein großes Zehneck (13. Jh.) überkuppelt in **8 St. Gereon** eine ovale Kirche aus dem 4. Jh. Das **10 Hahnentor** regelte im 13. Jh. den Zugang von Westen. Dahinter erstreckt sich das **Friesenviertel** mit umtriebigen Shoppingmeilen. Im Westen des **12 Neumarkts** türmt sich **11 St. Aposteln** (ab 11. Jh.) auf. Das **14 4711-Haus** ist Wiege des Eau-de-Cologne-Herstellers und Sitz des Duftmuseums (Glockengasse 4, www.4711.com; Führung Sa. 13.00 Uhr). Das mit einer Renaissancelaube an der Hauptfassade versehene **Rathaus** (14. Jh.) überragt mit seinem 61 m hohen Turm (15. Jh.)

den 17 **Alter Markt,** die gute Stube der Altstadt. Die **Archäologische Zone MiQua** (www.lvr.de) vor dem Rathaus erlaubt v. a. Einblicke in die römische und jüdische Vergangenheit (Eröffnung voraussichtlich 2026); die unter einer Glaspyramide auf dem Rathausplatz sichtbare Mikwe (jüdisches Ritualbad) wird mit dem antiken Ubiermonument Teil eines unterirdischen Museumskomplexes. Südl. des Rathauses steht mit dem **Gürzenich** Kölns spätmittelalterliches Festhaus (ab ca. 1445).

SÜDLICHE ALTSTADT

Der zum FrauenMediaTurm inkl. Sitz der Zeitschrift „Emma" umgewidmete 24 **Bayenturm** (ab 13. Jh.) und die romanische Kirche 19 **St. Maria Lyskirchen** (um 1220) sind Blickfang am Rheinufer der Altstadt Süd. Das 23 **Severinstor** (13. Jh.) schließt nach Süden ab. Im Norden der Severinstraße steht die romanische Säulenbasilika 21 **St. Georg** (11. Jh.). Das 18 **Overstolzenhaus** ist Kölns einziges erhaltenes romanisches Patrizierhaus (um 1225, Rheingasse 8; Kunsthochschule für Medien). Mitte des 10. Jh. entstand 22 **St. Pantaleon** mit seinen schlanken Rundtürmen.

NEUES KÖLN

Der 20 **Rheinauhafen** (rheinauhafen-koeln.de) verlängert Kölns Rheinpanorama mit auskragenden Kranhäusern nach Süden. Peter Zumthor hat über der Ruine der im Zweiten Weltkrieg zerstörten Pfarrkirche St. Kolumba das 16 **Kolumba – Kunstmuseum des Erzbistums Köln** errichtet; durchlässiges Mauerwerk lässt diffuses Licht ins Innere (Kolumbastraße 4, kolumba.de; Mi.–Mo. 12.00–17.00 Uhr). Das **Weltstadthaus,** von Renzo Piano für Peek & Cloppenburg gebaut, bringt interessante Eleganz in die Fußgängerzone **Schildergasse** (Nr. 65). Der gläserne LVR-Büroturm 26 **KölnTriangle** mit tollem Rundumblick von der Aussichtsplattform ist ein Wahrzeichen der rechten Rheinseite (Ottoplatz 1, koelntriangle-panorama.de; Mai–Sept. So.–Do. 11.00–20.00, Fr., Sa. 11.00–22.00, Okt.–April tgl. 11.00–20.00 Uhr, bei Sturm und Gewitter geschl.). Nahe der Messe liegt das 25 **Odysseum** (odysseum.de), ein Abenteuermuseum (nicht nur) für Kinder und Jugendliche.

Tipp

Wellnessoase

Kölns schönste Wellnessoase steht unter Denkmalschutz: Das Neptunbad wurde 1912 als öffentliche Badeanstalt eröffnet. In der ehemaligen Schwimmhalle werden heute Muskeln trainiert, und unter der Kuppel des Kaiserbads im 37 °C warmen Wasser kann man zu Sphärenklängen meditieren.

27 Neptunbad, Neptunplatz 1, Köln-Ehrenfeld, www.neptunbad.de tgl. 9.00–24.00 Uhr

Die Bastei am Nordrand der Altstadt (oben). Im 4711-Haus in der Glockengasse duftet es nach Kölnisch Wasser.

Museen und Kunst

Die reiche Museumslandschaft und eine international agierende Galerienszene machen Köln zur deutschen Kunstmetropole (www.museenkoeln.de und www.koelngalerien.de).
Im 7 **Kölnischen Stadtmuseum** passiert die Stadtgeschichte Revue: „Stadtgeschichte anders" lautet das Motto im zum innovativen Stadtmuseum umgebauten ehemaligen Modehaus Sauer (Minoritenstraße 13, koelnisches-stadtmuseum.de; Di. 10.00–20.00, Mi.–So. 10.00–17.00 Uhr). Das 1 **Römisch-Germanische Museum,** 1974 am Fundort des römischen Dionysos-Mosaiks gebaut (Roncalliplatz 4), zeigt seine antiken Schätze für die Dauer der Sanierung im Belgischen Haus in der Cäcilienstr. 46 (www.roemisch-germanisches-museum.de; Mi.–Mo. 10.00–18.00 Uhr). Das 1 **Museum Ludwig** TOPZIEL gehört zu den bedeutenden Museen für die Kunst des 20. und 21. Jh. (Heinrich-Böll-Platz, www.museum-ludwig.de; Di.–So. 10.00–18.00 Uhr). Im 15 **Wallraf-Richartz-Museum & Fondation Corboud** ist europäische Malerei des 13. bis 19. Jh. zu sehen (Obenmarspforten, www.wallraf.museum; Di.–So. 10.00–18.00 Uhr). Das 16 **Museum für Angewandte Kunst,** Kölns schönstes Nachkriegsmuseum, zeigt Design in Beziehung zur bildenden Kunst (An der Rechtschule, www.makk.de; Di.–So. 10.00–18.00 Uhr). Das 13 **Rautenstrauch-Joest-Museum,** jüngster unter Kölns großen Museumsbauten, lädt zu einer Reise durch die Kulturen unserer Erde ein (Cäcilienstr. 29, rautenstrauch-joest-museum.de; Di.–So. 10.00–18.00 Uhr). Das 13 **Museum Schnütgen** für mittelalterliche Kunst zeigt in der romanischen Cäcilienkirche Exponate aus acht Jahrhunderten (Cäcilienstraße 29, www.museum-schnuetgen.de; Di.–So. 10.00–18.00 Uhr, Do. bis 22 Uhr). Die Sammlung chinesischer, japanischer und koreanischer Kunst im 9 **Museum für Ostasiatische Kunst** ist einzigartig (Universitätsstraße 100, www.museum-fuer -ostasiatische-kunst.de; Di.–So. 11.00 bis 17.00 Uhr). Im 5 **Skulpturenpark** (Elsa-Brändström-Straße 9, www.skulpturenparkkoeln.de) sind unter freiem Himmel hochkarätige zeitgenössische Skulpturen zu sehen. Das 20 **Schokoladenmuseum** präsentiert den Werdegang der Kakaobohne zur Schokotafel (Rheinauhafen, www.schokoladenmuseum.de; tgl. 10.00–18.00 Uhr, Anfang Jan.–Mitte März, 1. Nov.–Hälfte Mo. geschl.). Die meisten Museen sind am 1. Do. im Monat bis 20.00/22.00 Uhr geöffnet.

Musik und Theater

Das Programm der 1 **Kölner Philharmonie** umfasst Klassik, Neue Musik, Jazz und kölsche Töne (Bischofsgartenstraße 1, Karten-Tel. 0221 280 280, www.koelner-philharmonie.de). Die 1962 eröffnete 14 **Kölner Oper** wird saniert; Aufführungen finden auch in anderen Spielstätten statt (Tel. 0221 22 12 84 00, www.oper.koeln/de). Im 2 **MusicalDome** gastieren Musicalensembles (Goldgasse 1, Tel. 0211 7 34 40, www.moulin-rouge-musical.de). Konzerte u. a. finden in der **Lanxess-Arena** statt (Willy-Brandt-Platz 3, www.lanxess-arena.de). Daneben gibt es etliche **Clubs:** Avantgarde im Loft (Wissmannstraße 30, www.loftkoeln.de), Jazz im Stadtgarten (Venloer Straße 40, www.stadtgarten.de), Dancefloor im Gebäude 9 (Deutz-Mülheimer-Straße 127, www.gebaeude9.de), Rock, Pop, Electronic im Blue Shell (Luxemburger Straße 32, www.blue-shell.de) sowie um den Friesenplatz und in Ehrenfeld. Das 14 **Schauspiel** (Tel. 0221 22 12 84 00, www.schauspielkoeln.de) wird saniert. Bis zur Wiedereröffnung finden die Aufführungen im

Tipp

Kölsche Riviera

Strandurlaub in Köln? Geht. Zum Beispiel in Rodenkirchen. Hinter dem südlichen Stadtviertel beginnt die kölsche Riviera, mit Buchten, Rasen, Sand, Trauerweiden. Noch weiter südlich folgt die Groov, eine Halbinsel bei Porz-Zündorf mit Sandstränden und schattigen Bäumen. Achtung: Der Rhein ist tückisch! Aber ein bisschen im kniehohen Wasser stehen macht auch Spaß. Am Zündorfer Marktplatz kommen danach auf den Caféterrassen Feriengefühle auf, garantiert. Soll der Dom doch in Kölle bleiben!

www.rodenkirchener-riviera.de

Depot 1 und 2 sowie der Grotte Carlswerk (Schanzenstraße 6) in Köln-Mülheim statt. Experimentelles Theater ist in der **Studiobühne** Programm (Universitätsstraße 16a, https://studiobuehnekoeln.de). Anspruchsvolle Unterhaltung bietet das **Theater im Bauturm** (Aachener Straße 24, www.theaterimbauturm.de). Kabarett gibt es im **Senftöpfchen** (Große Neugasse 2, www.senftoepfchen-theater.de) und in der **Comedia** (Vondelstraße 4, www.comedia-koeln.de).

Einkaufen

In der Fußgängerzone **Hohe Straße** und **Schildergasse** reiht sich ein internationaler Filialist an den anderen. Trendiger ist das Angebot in der **Ehrenstraße.** Die hochpreisige **Mittelstraße** steht für Mode mit Couture-Anspruch. Als Fashion District mit Avantgarde-Labels lockt das **Belgische Viertel.**

Hotels / Brauhäuser

Im **€ € € / € € St. Joseph** verbindet sich der historische Bau mit modernem Interieur (Dreikönigenstraße 1–3, 50678 Köln, www.hopper.de). Viele der puristischen Zimmer des **€ € Eden Hotel Früh am Dom** haben Domblick (Sporergasse 1, 50667 Köln, www.hotel-eden.de), das **€ € art'otel** im Rheinauhafen bietet außergewöhnlich gestaltete Zimmer (Holzmarkt 4, 50676 Köln, www.artotelcologne.de).

BRAUHÄUSER

Das **€ Sion** ist ein Altstadt-Traditionshaus mit großen Sälen (Unter Taschenmacher 5). Das **€ Päffgen** besitzt Beichtstuhl (Kasse) und Biergarten (Friesenstraße 64). **€ Früh em Veedel** ist meist rappelvoll (Chlodwigplatz 28). **€ Haus Unkelbach** ist ein Brauhaus der gutbürgerlichen Art (Luxemburger Straße 260). **€ Em Golde Kappes** zeigt Originalinterieur von 1913 (Neusser Straße 295).

GEMEINSCHAFTSGÄRTNERN

Als ob man es nicht geahnt hätte: Gemeinschaftlich gärtnert es sich noch immer am schönsten. So sehen es auch Ingrid Mehmel und Peter Lang, die beiden Mit-Initiator:innen des Kräutergartens an der Kölner Kartäuse. Gegärtnert wird mit Blick auf die spätmittelalterlichen Deckenfresken der Kartäuserkirche. Einer der Leitfäden ist die in einem Ausstellungskatalog des Kölner Stadtmuseums verewigte Pflanzliste um 1500. Angebaut von den Urban Gardeners des 21. Jahrhunderts werden in erster Linie Kräuter. Willkommen ist jeder – auch als Besucher.

Der „Kartäusergarten", Motto „Lasset uns beeten", ist Teil des Netzwerks Gemeinschaftsgärten Köln. Als dessen Grundgesetz dient das Urban-Gardening-Manifest. Mit dem Motto „Die Stadt ist unser Garten" werden Städter angesprochen, denen der eigene Balkon zu klein geworden ist oder die dem Reglement eines Schrebergartens wenig abgewinnen können. Gemeinsam machen die Gärtner Brachflächen zu Beeten der Begegnung, lassen Bienen von Hochhausdächern summen, gewinnen ihr eigenes Saatgut.

Es geht dabei nicht nur ums Jäten, Buddeln, Säen. Mit dem Engagement in der Jugendarbeit, bei der Flüchtlingshilfe oder der Stadtentwicklung berufen sich die Gemeinschaftsgärten auf den

Auch in der Großstadt geht es nicht ohne frisches Grün – und Insektenhotels.

Kölner Gartendirektor Fritz Encke (1861–1931), der Gärten als Orte des „sozialen Grüns" definierte. Organisiert wird zudem das jährliche Saatgutfestival, an dem auch Saatguterzeuger mitwirken. Das Festival hat den Umweltschutzpreis der Stadt Köln erhalten.

Gemeinschaftsgärten Köln: An die zwei Dutzend von ihnen sind verteilt über das ganze Stadtgebiet (gemeinschaftsgaerten-koeln.de). Dazu gehören die „Pflanzstelle Kalk", ein Gemüsegarten mit alten Sorten (www.pflanzstelle.de), der von der evangelischen Kirche bereitgestellte „Kartäusergarten" in der Südstadt (kartaeuserkirche-koeln.de/kartaeusergarten.aspx), der „Campusgarten" der Uni Köln (campusgarten.uni-koeln.de), der urkölsche Gemüsegarten „Stadt Jemös" am Fröbelplatz in Ehrenfeld (www.stadtjemoes.de) und der Gemeinschaftsgarten „Garten am Mer e.V." zwischen Nippes und Agnesviertel (instagram).

Heute

Unteres Mittelrheintal

*

JUNGER CHARME DER ALTEN REPUBLIK

*

Unter den Charme der alten Bundesrepublik, der in Fachwerkidyllen wie in Linz oder hinter den Stadtmauern von Andernach spürbar ist, mischt sich ein frischer Wind, etwa am Drachenfels. Auch Bonn hat den Sprung ins 21. Jahrhundert absolviert.

Herz der Bonner Altstadt ist der Marktplatz mit dem Rathaus, vor dem man den Sommerabend genießt.

Die Mitte des 12. Jahrhunderts errichtete Doppelkirche St. Maria und Clemens im Bonner Stadtteil Schwarzrheindorf wird für ihre Deckenmalereien gerühmt: Blick von der unteren hinauf zur oberen Kirche.

In Bonns Altstadt, etwa in der in der Sternstraße wird flaniert, geschaut und geshoppt.

Drei weithin sichtbare kegelförmige Lichttürme auf dem Dach der Kunst- und Ausstellungshalle der Bundesrepublik Deutschland in Bonn stehen für den Dreiklang von Architektur, Malerei und Skulptur.

BONN GALT JE NACH SICHTWEISE ALS »KLEINE HAUPTSTADT FÜR ZWISCHENDURCH« ODER ALS »WUNDERBARES PROVISORIUM«.

Friedrich Küppersbusch bzw. Norbert Blüm

Wenige Kilometer nördlich der Siegmündung schaffen dampfende Schlote und gigantische Öltanks eine wahre Science-Fiction-Kulisse. Wesseling, Standort von Unternehmen der Chemieindustrie und Raffinerien, ist im Kammerbezirk der IHK Köln die Stadt mit dem größten prozentualen Anteil an Gewerbeflächen. Noch von der Siegmündung sind Ausläufer des Industriekomplexes zu erkennen.

Am Ufer des Rheinnebenflusses aber stürmen statt Schloten majestätische Pappeln in den Himmel. Altarme und Feuchtauen verwandeln die Ufer in eine amphibische Landschaft. Kiesbänke werden von Silber- und Korbweiden beschattet. Ein Eisvogel blitzt metallischblau übers Wasser. Mit etwas Glück sehen Wanderer, die das Naturschutz-Idyll erkunden, einen Schwarzmilan über sich kreisen. Wer über den Fluss möchte: Auf Höhe des Ausflugslokals „Zur Siegfähre" pendelt im Sommerhalbjahr die „Sankt Adelheid" hinüber. Die Passage mit einer der ältesten noch in Betrieb befindlichen Einmann-Gierfähren Deutschlands dauert ganze eineinhalb Minuten.

WEG ZUR BUNDESHAUPTSTADT

Regiert wurde in Bonn schon immer, ein bisschen zumindest. Daran erinnern Stadt- und Poppelsdorfer Schloss. Beide sind Hinterlassenschaften von Kurfürst Clemens August, der als letzter Wittelsbacher bis 1761 in Bonn Hof gehalten hat. Clemens August, Erzbischof von Köln, war ein kunstsinniger und vergnügungssüchtiger Herrscher, der Bonn mit rokokoketten Bauten zur eleganten Residenzstadt des Kurstaats Köln ausgebaut hat. Es ging fidel bei Hofe zu: Der Kurfürst soll sich zu Tode getanzt haben.

Nicht ganz so heiter waren die Anfänge Bonns als Hauptstadt der Bundesrepublik Deutschland. Immerhin zu einem Drittel war die Stadt im Zweiten Weltkrieg zerstört worden. Es blieben jedoch genug Räumlichkeiten, um 1948 den Parlamentarischen Rat, der das Grundgesetz eines neuen deutschen Staats entwerfen sollte, unterzubringen. Den Vorsitz führte Konrad Adenauer. Der Rest ist die Geschichte einer Hauptstadt, die dem mit Demut das internationale Parkett wieder betretenden Land gut zu Gesicht stand. Denn eine Weltstadt war Bonn auch als Hauptstadt nicht.

Das zeigt auch – fast 35 Jahre nach dem Votum des Bundestags für den Regierungsumzug nach Berlin – ein Bummel durch das nun „Bundesstadt" genannte Bonn. Zwischen romanischem Münster, Rheinufer und Hofgarten lädt eine lebenslustige Stadt mit mensch-

Schloss Augustusburg in Brühl, hier von der Morgensonne in Szene gesetzt, war der prächtigste Neubau von Fürstbischof Clemens August.

Auf der Freitreppe des Alten Rathauses am Münsterplatz in Bonn hielt Theodor Heuss am 12. September 1949 seine erste Rede als frisch gewählter erster Bundespäsident – damit eröffnet er die lange Reihe großer Persönlichkeiten, denen die Einwohner der Bundeshauptstadt zujubelten.

Ist Augustusburg von außen noch vergleichsweise schlicht, wird innen jegliche Zurückhaltung aufgegeben: Die Treppenhauspracht entwarf Balthasar Neumann.

Special

Weg der Demokratie

Zu Fuß in die junge Bundesrepublik

„Large Two Forms" von Henry Moore vor dem früheren Bundeskanzleramt

Der deutsche Weg zur Demokratie war lang. Kurz dagegen ist der Bonner „Weg der Demokratie".
Es geht los an der Villa Hammerschmidt, einst Amtssitz des Bundespräsidenten (Pkt. 2), und vorbei am Palais Schaumburg, dem alten Kanzleramt (Ptk. 4). Das neue Bundeskanzleramt (Pkt. 6) sah als ersten Hausherrn Helmut Schmidt. Ludwig Erhard hat 1963 den Bau des Kanzlerbungalows (Pkt. 9) beauftragt. Mit dem Bundesrat im Bundeshaus ist Punkt 3 erreicht. Die Pädagogische Akademie wurde zum Bundeshaus umgebaut (Pkt. 1). Es folgt Punkt 7, der Plenarsaal des Deutschen Bundestags. Von 1986 bis 1992 tagte der Bundestag im Wasserwerk – Punkt 10 – am Rheinufer. www.wegderdemokratie.de.

lichen Ausmaßen zum Flanieren, Einkehren, Anschauen ein. Die „Bonner Republik" ist tot – es lebe Bonn!

SPRUNG INS 21. JAHRHUNDERT

Am Bonner Bogen setzte Bonn zum städtebaulichen Sprung ins 21. Jahrhundert an. Linksrheinisch überragt der 162 Meter hohe Post Tower den Freizeitpark Rheinaue. Stromaufwärts schlagen die gläsernen Fassaden des europäischen Forschungszentrums Caesar Wellen.

Auf der anderen Seite des Stroms ist rund um das Gelände der aufgelassenen Zementfabrik Rohmühle eine hypermoderne Uferbürocity entstanden. Die trutzburgartige, um einen gläsernen Anbau erweiterte Rohmühle beherbergt Büros von Softwareunternehmen, ein renommiertes Studienkolleg und das RestaurantCafé Rohmühle. Schick und trendy wird es im spacigen Kameha Grand Hotel, das, einem elliptisch gebogenen Raumschiff ähnlich, am Rheinufer angedockt hat. Gleich daneben schließen die auskragenden Büroriegel von Rheinwerk 3 das Areal ab. Allein in der weißen, transparenten Hülle der Drillingsbauten, selbstverständlich als ökologisch durchdachte Green Buildings zertifiziert, arbeiten seit der Fertigstellung tausend Angestellte. Der Bürostandort Bonn boomt!

Idyll an der Mündung der Sieg in den Rhein bei Mondorf (oben links). Neugotischer Burgentraum: die Drachenburg auf dem Drachenfels von Königswinter (oben rechts). Mit der Einmannfähre geht es über die Sieg bei Bergheim (unten links). Architekt Richard Meier schuf den modernen Anbau des Arp Museums Rolandseck mit Rheinblick (unten rechts).

Vom Rolandsbogen geht der Blick hinüber zum Siebengebirge mit Schloss Drachenburg und dem Gästehaus der Bundesrepublik, dem Petersberg, wo jahrzehntelang große Politik gemacht wurde.

DER AUSBLICK VOM DRACHENFELS IST EIN HOCHGENUSS – RECKE SIEGFRIED SOLL ALLERDINGS NUR AUGEN FÜR DEN LEGENDÄREN DRACHEN GEHABT HABEN.

WIEGE DER RHEINROMANTIK

Weit über 35 Millionen Besucher können nicht irren. So viele Passagiere hat die Drachenfelsbahn seit ihrer Eröffnung 1883 auf den 312 Meter hohen Drachenfels gebracht. Das Wahrzeichen des Siebengebirges ist zudem einer der meistbestiegenen Gipfel der Welt. Wie viele Besucher zu Fuß hinaufkommen, ist allerdings unbekannt. Sehr viele jedenfalls, denn der Fels zählt dank Nibelungenlied zu einem der Zentren der Rheinromantik. Hier soll Siegfried seinen Drachen getötet haben.

Auch die von doppelten Säulen getragene Ruine der Klosterkirche Heisterbach war Pflicht für die Rheinreisenden des 19. Jahrhunderts. Erhaben noch als Ruine, ragt der Chor im Heisterbacher Tal empor. An so viel malerischer Ruinenromantik konnte eine empfindsame Seele nicht vorbeigehen.

VERBUMMELTES RHEINTAL

Nur im Winter, wenn die kahlen Bäume den Blick freigeben, ist das Kloster auf der Insel Nonnenwerth in seiner spätbarocken Schönheit vom Rheinufer aus zu sehen. Die übrige Zeit des Jahres harren Insel und Kloster in einer Art Dornröschenschlaf aus, aus dem sie auch nicht das früher dem Kloster angegliederte Gymnasium erwecken konnte. Franz Liszt hat sich 1840/41 mit seiner Geliebten Marie d'Agoult hierher zurückgezogen. Aus dem Plan, sein Leben auf Nonnenwerth zu verbringen, wurde allerdings nichts.

Vom Rolandsbogen fällt der Blick ebenfalls auf die Insel im Strom. Es hat sich einiges auf dem kleinen Felsplateau hoch über dem Rhein verändert. Verbummelt aber bleibt die Anfahrt vorbei an Schafswiesen, Esskastanien und Grimm'schen Märchenwäldern.

Nächster Halt: Hans Arp. Dem Dadaisten, 1886 in Straßburg geboren, gestorben 1966 in Basel, ist mit dem umgebauten Bahnhof Rolandseck und einem vom amerikanischen Architekten Richard Meier in den Hang darüber gebauten Neubau ein besonderes Museum gewidmet. Nach anfänglichen Streitigkeiten um die Authentizität einiger Werke ist im Arp Museum Rolandseck Frieden eingekehrt. Sonderausstellungen, hochkarätige Lesungen und Konzerte haben das Museum zu einem Nabel der Kulturlandschaft Unterer Mittelrhein gemacht.

RÖMER, MÖNCHE, GEYSIR

Bei Rheinbrohl lag in der Antike der Caput Limitis. Von hier zog sich der 550 Kilometer lange Grenzwall rheinaufwärts bis an die Donau. Der im ersten Jahrhundert unter Kaiser Vespasian begonnene

Eine Frage des persönlichen Geschmacks: Einkehr im Weinhaus Im Lämmlein in der Pützgasse von Unkel (oben) oder in der Gutsschenke im Hofgarten Dernau im Ahrtal (unten).

Die Kirche des Benediktinerklosters Maria Laach gilt als ein Höhepunkt rheinischer Romanik. Der lateinische Name „Abbatia ad Lacum" beschreibt die Lage am Laacher See in der Eifel.

Eine ähnliche Frage stellt sich am Marktplatz von Linz am Rhein.

Limes sollte Römisches Reich und Germanien voneinander trennen. Mittlerweile ist der Obergermanisch-Rätische Limes UNESCO-Welterbestätte. Ein rekonstruierter Wachturm erinnert in Rheinbrohl an das Titanenprojekt der Römer. Wie der Alltag hinter dem Limes aussah, zeigt die „RömerWelt" im Rheinbrohler Weiler Arienheller. Mitmachen ist erwünscht! An dieser Stelle sei nur so viel verraten: Das Tragen eines Kettenhemds erfordert den ganzen Besucher.

Morgengebet um fünf Uhr, danach Arbeiten im Klostergarten: Auch die Einkehr bei den Benediktinern im Kloster Maria Laach erfordert den ganzen Menschen, wie Prior-Administrator Pater Petrus Nowack versichert. Das Kloster, ein Meisterwerk der rheinischen Romanik in romantischer Lage am See, ist ein Touristenmagnet. Umso stiller verlaufen die Einkehrtage und Exerzitien in der Klausur und dem Gästehaus.

So still wird es in Andernach während der Saison kaum. Schließlich lässt der Kaltwassergeysir auf der Rheinhalbinsel Namedyer Werth seine Fontäne hoch in die Luft schnellen. Das Erlebniszentrum Geysir in Andernach kam hinzu, und seitdem brummt es im Rheinstädtchen. Dank rund 100 000 Besuchern pro Jahr ist das Schiff, das das interaktive Museum und den Geysir verbindet, immer gut gebucht.

Nutzung alter Industriebauten

ERBE DER INDUSTRIALISIERUNG

So manches Erbe wiegt überaus schwer. Vor allem die Rettung oder Umwidmung denkmalgeschützter industrieller Trutzburgen ist nicht immer einfach. Schon gar nicht, wenn es sich wie bei der Sayner Hütte um ein Kulturdenkmal von internationaler Bedeutung handelt.

Nicht mit der Herrschaft Preußens begann das industrielle Zeitalter am Rhein, sondern mit den Franzosen. Die führten das erste Handelsgesetzbuch und die Gewerbefreiheit ein, schafften den Adel ab und eröffneten Städten wie Köln und Koblenz den Weg in den Kapitalismus. Als die Preußen kamen, waren die Strukturen bereits geschaffen, um das Rheintal zum Silicon Valley des 19. Jahrhunderts zu machen.

MONUMENTALE INDUSTRIEBAUTEN

Vom Boom zeugen stattliche, respektheischende Industriebauten wie das neugotische Ziegelgebirge der Löhnberger Mühle, einer Dampfmühle, an der Grenze von Niederlahnstein zu Horchheim. Ob der monumentale Bau als Industriedenkmal erhalten bleibt oder ob auf dem Gelände ein Freizeitpark errichtet wird, ist strittig. Im Fall der Sayner Hütte dagegen ist sicher: Die vom Königlich-Preußischen Hütteninspektor Karl Ludwig Althans entworfene, 1829/30 aus vorgefertigten Eisengusselementen errichtete Gießhalle bleibt als „Historisches Wahrzeichen der Ingenieurbaukunst Deutschlands", zu dem sie 2010 von der Bundesingenieurkammer erwählt wurde, erhalten. Dafür sorgt die 2012 ins Leben gerufene, sowohl vom Land Rheinland-Pfalz und dem Landkreis Mayen-Koblenz als auch der Stadt Bendorf initiierte Stiftung Sayner Hütte.

MIT NEUEN MASSSTÄBEN

Die von monumentalen Hohlsäulen getragene Gießhalle, deren revolutionäre Binderkonstruktion ohne Nieten und Schrauben seinerzeit ohne architektonische Vorbilder war, setzte neue Maßstäbe für den Bau weit gespannter Tragwerke aus Gusseisen – Brücken, Markthallen, Bahnhofsgebäude und Aussichtstürme.

Neben der Gießhalle selbst, deren Tragwerk samt gläserner Fassadenteile in den Jahren 2012 bis 2014 umfassend renoviert wurde, gehören zum Denkmalensemble Sayner Hütte noch das Kur-Trierische Comptoir von 1769 und die 1908 errichtete Backsteinhalle aus der Krupp'schen Ära. Letztere wurde in ihrer Außenfassade denkmalgerecht zurückgebaut und im Jahr 2017 als Besucherzentrum eröffnet. Seit 2019 wird hier eine Dauerausstellung zur Geschichte der

Die Gießhalle der Sayner Hütte war bis 1926 in Betrieb. Mit ihrem erhöhten „Mittelschiff" erinnert sie an eine Basilika.

Das Wort Baukunst wird in Sayn überaus anschaulich (ganz oben). Oben: das Künstlerehepaar Rita Ternes und Thomas Naethe

Sayner Hütte gezeigt. 2022 ist das Rheinische Eisenkunstgussmuseum auf die Sayner Hütte umgezogen. Ein Jahr später konnte die Kunstgenussgalerie mit der neuen Dauerausstellung zum Thema Eisenkunstguss im Arkadengebäude der Sayner Hütte eröffnet werden. Vollendet ist auch die Renovierung des Direktorenhauses aus der Zeit um 1865.

UMNUTZUNG

Die Keramikkünstler Rita Ternes und Thomas Naethe haben die spätklassizistische Villa beim Besuch einer Ausstellung des Instituts für künstlerische Keramik der Fachhochschule Koblenz in der Sayner Hütte entdeckt. Ihr Nutzungskonzept für die verfallene Villa als Atelier- und Wohnhaus überzeugte die Stadt Bendorf, den beiden das Objekt zu verkaufen. Ternes benutzt als Basis ihrer Werke gleichmäßig starke Steinzeugplatten; Naethe zitiert in seinen konzentrisch und horizontal gegliederten Gefäßen die Formensprache des Barock.

Neben der Arbeit am Brennofen war das Künstlerpaar in der Folgezeit meist auf der Baustelle zu finden, bis nach fünf Jahren der Einzug gefeiert werden konnte. Als Mitglieder im Freundeskreis Sayner Hütte verfolgen sie aufmerksam den Fortgang der Arbeiten. Und sie wissen, dass sie am richtigen Ort angekommen sind.

EIN EHEMALIGES IDYLL

Bereits 2005 fand mit der Schau „Krupp und Sayn" die erste Ausstellung im Industriedenkmal statt. Beleuchtet wurde die Bedeutung der Sayner Hütte für den aufstrebenden Krupp-Konzern. Der Ort war darüber hinaus ein Refugium für die Industriellendynastie. 1884 hatte die Familie in der Nähe eine Jagd gepachtet. 1886 folgte der Kauf von Schloss Sayneck, einem Fachwerkbau und dem genauen Gegenteil der monumentalen Villa Krupp in Essen. Vier Generationen verbrachten hier Jagdwochenenden und Sommerfrische. Erst 1967 endete die Ära mit dem Tod von Alfried Krupp von Bohlen und Halbach.

Fakten & Informationen

Freundeskreis Sayner Hütte e.V.,
www.freundeskreis-saynerhuette.de

Rheinisches Eisenkunstgussmuseum
In der Sayner Hütte,
56170 Bendorf,
Tel. 02622 9849550,
www.saynerhuette.org, www.eisenkunstguss.de
März–Okt. Mo. 13.00–18.00, Di.–So. 10.00–18.00 Uhr, Anfang Nov.–Ende Dez. Sa., So. 10.00–18-00 Uhr

KÖLN
FRECHEN
HÜRTH
BRÜHL
ERFTSTADT
WESSELING
NIEDERKASSEL
TROISDORF
SIEGBURG
LOHMAR
RÖSRATH
OVERATH
Seelscheid
ST. AUGUSTIN
HENNEF
BORNHEIM
BONN
Alfter
Weilerswist
Swisttal
Naturpark
Rheinland
KÖNIGSWINTER
BAD HONNEF
Siebengebirge
EUSKIRCHEN
RHEINBACH
MECKENHEIM
Wachtberg
BAD GODESBERG
REMAGEN
LINZ
UNKEL
Erpel
Rheinbreitbach
Vettelschoß
Maßstab 1:215.000
Maßstab 1:225.000
SINZIG
BAD HÖNNINGEN
BAD BREISIG
Brohl
ANDERNACH
NEUWIED
BENDORF
WEISSENTHURM
KOBLENZ
MENDIG
Laacher See
Plaidt
Kärlich
Mülheim
Vallendar
Niederzissen
Burgbrohl

WOCHENENDGLÜCK FÜR KÖLNER, BONNER UND KOBLENZER

Dramatisch ist der Rhein woanders. Zwischen Bonn und Koblenz steigen die Ufer recht gemächlich an. Abgesehen von Höhepunkten wie dem Drachenfels, ist der Untere Mittelrhein eher Ziel für Ausflügler aus der Region. Wo die Ufer flacher werden, siedelten sich bereits im 19. Jahrhundert Industrieanlagen an.

1 Bonn

Als Gründungsjahr der Stadt (335 780 Einw.) gilt 11 v. Chr., als die Römer hier Befestigungen anlegten. Im Barock erblühte Bonn als Residenz der Kurfürsten und Erzbischöfe von Köln. Die beschauliche Universitätsstadt (seit 1784) wurde 1949 Hauptstadt der Bundesrepublik Deutschland und bleib es bis 1999. Beim Abzug von Parlament und Regierung nach Berlin blieben einige Ministerien am Rhein, doch wichtiger für die Neuorientierung waren der Zuzug zahlreicher UN-Organisationen und die Ansiedlung von Firmenzentralen wie die der Deutschen Telekom.

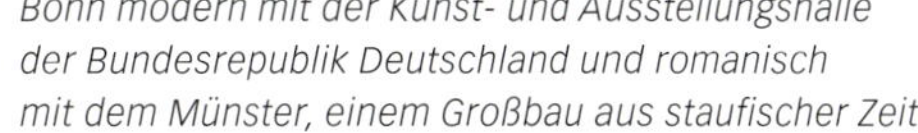

Bonn modern mit der Kunst- und Ausstellungshalle der Bundesrepublik Deutschland und romanisch mit dem Münster, einem Großbau aus staufischer Zeit

SEHENSWERT

Das 900 Jahre alte **Münster St. Martin** fußt auf einem römischen Gräberfeld (www.bonner-muenster.de) und wurde in den letzten Jahren generalsaniert; auch der angrenzende Kreuzgang ist romanisch (Mo.–Sa. 10.00–17.30 Uhr). Herz der Altstadt ist der **Marktplatz** mit dem Rokoko-Rathaus (1737/38; Führungen über Bonn-Information). Die **Friedrich-Wilhelms-Universität** belegt die ehemalige kurfürstliche Residenz. In die barocke Vierflügelanlage (18. Jh.) integriert ist das Koblenzer Tor, in dem sich lange Zeit das **Ägyptische Museum** befand, das nun um die Ecke der Uni im neuen Haus des Wissens und der Forschung in der Poststraße 26 – kurz P26 – untergebracht ist (Öffnungszeiten s. www.iak.uni-bonn.de/de/museen/aegyptisches-museum). Eine Sichtachse führt zum Poppelsdorfer **Schloss Clemensruh,** Sommerresidenz von Fürstbischof Clemens August; deren Barockpracht (bis 1740) wird vom **Botanischen Garten** der Universität (www.botgart.uni-bonn.de; April–Okt. tgl. 10.00–18.00, Do bis 20.00 Uhr, Nov.–März Mo.–Fr. 10.00–16.00, Gewächshäuser nur bis 15.30 Uhr) eingefasst. In den Gewächshäusern gedeihen u. a. die größten Seerosen der Welt.

MUSEEN

Im **Beethoven-Haus** kam Ludwig van Beethoven (1770–1827) zur Welt (Bonngasse 18, www.beethoven.de; Mi.–Mo. 10.00–18.00 Uhr). Das **LVR-LandesMuseum** (Colmantstraße 14, www.landesmuseum-bonn.lvr.de; Di.–So. 11.00–18.00 Uhr) präsentiert die rheinische Kunst- und Kulturgeschichte.
Im **August-Macke-Haus,** dem um einen Neubau erweiterten ehem. Wohnhaus des Künstlers, sind Werke in originalen Räumen zu sehen (Hochstadenring 36, www.august-macke-haus.de, Do. 11.00–19.00, Fr.–So. 11.00–17.00 Uhr). Die Museumsmeile im Südosten der Stadt verläuft von der Adenauerallee bis zur Friedrich-Ebert-Allee. Den Auftakt macht das **Ernst-Moritz-Arndt-Haus** (1819) mit Biedermeierinterieur (Adenauerallee 79). Es folgt das **Zoologische Forschungsmuseum Alexander Koenig** (Adenauerallee 160, www.bonn.leibniz.lib.de; Di.–So. 10.00–18.00, Mi. 10.00 bis 21.00 Uhr). Weiter geht es mit dem **Haus der Geschichte der Bundesrepublik Deutschland,** das die deutsche Geschichte nach 1945 präsentiert (Willy-Brandt-Allee 14, www.hdg.de; Di.–Fr. 9.00–19.00, Sa., So. u. Fei. 10.00 bis 18.00 Uhr). Hier beginnt auch der **Weg der Demokratie,** der die zeithistorischen Orte im ehemaligen Regierungsviertel verbindet (www.wegderdemokratie.de). Das **Kunstmuseum**

Bonn bietet vor allem Kunst aus Deutschland nach 1945 (Friedrich-Ebert-Allee 2, www.kunstmuseum-bonn.de; Di.–So. 11.00–18.00, Mi. 11.00–19.00 Uhr). Wahrzeichen der **Kunst- und Ausstellungshalle der Bundesrepublik Deutschland** sind die spitzen Dachkegel (Friedrich-Ebert-Allee 4, www.bundeskunsthalle.de; Do.–So. 10.00–19.00, Di., Mi. 10.00–21.00 Uhr).

HOTEL UND CLUB

Das Designhotel **€ € € Kameha Grand** bietet einen hippen Club auf der Dachterrasse (Am Bonner Bogen 1, 53227 Bonn-Oberkassel, www.kamehabonn.de; 253 Z.).

UMGEBUNG

Die **Siegmündung** TOPZIEL ist mit ihren Auwäldern die letzte naturbelassene Mündung eines Rheinnebenflusses. Herz von **Bad Godesberg** ist der Stadtpark mit seltenen Baumriesen. Der Dadaist und Surrealist Max Ernst (1891–1976) kam in **Brühl** (46 000 Einw.) zur Welt (Max-Ernst-Museum, Comesstraße 42/

Max-Ernst-Allee 1, www.maxernstmuseum.lvr.de; Di–So. 11.00–18.00 Uhr). Nicht weit entfernt liegen zwei UNESCO-Welterbestätten: das **Schloss Augustusburg** TOPZIEL (bis 1768), repräsentative Residenz von Kölns Erzbischof Clemens August, deren grandioses Treppenhaus Balthasar Neumann entwarf, und das 1737 erbaute **Jagdschloss Falkenlust** mit Schlosspark (www.schlossbruehl.de; Feb.–Nov. Di.–Fr. 9.00–16.00, Sa., So., Fei. 10.00–17.00 Uhr). Vor der Stadt gelegen, zählt das **Phantasialand** zu Europas größten Freizeitparks (www.phantasialand.de; April–Juni u. Sept., Okt. 9.00–18.00, Juli, Aug. bis 19.00 Uhr).

INFORMATION
Bonn-Information, Windeckstraße 1/ Münsterplatz, 53111 Bonn, Tel. 0228 77 50 00, www.bonn.de und www.bad-godesberg.info
Touristik-Information Brühl, Steinweg 1, 50321 Brühl, Tel. 02232 7 93 45, www.tourismus-bruehl.de

2 Königswinter

Die beschauliche Mittelstadt (43 000 Einw.) gilt als Tor zum Siebengebirge.

SEHENSWERT
Über das Wandergebiet informiert das **Siebengebirgsmuseum** (Kellerstr. 16, www.siebengebirgsmuseum.de; Di.–Fr. 14.00–17.00, Sa. 14.00–18.00, So. ab 11.00 Uhr). Ausflugsziele sind die Chorruine des **Klosters Heisterbach** (nördl.; www.abtei-heisterbach.de) und der **Petersberg** (nördl.) mit dem Kurhotel von 1914, Gästehaus der Bundesrepublik Deutschland. Am **Drachenfels** soll Siegfried den Drachen getötet haben. Richard Wagner vertonte das Thema im „Ring"; zu seinem 100. Geburtstag 1913 wurde die Nibelungenhalle gebaut. Auf das Thema stimmen Reptilienzoo und die Drachenhöhle ein (www.nibelungenhalle.de; Mitte März–Anf. Nov. tgl. 10.00–18.00, sonst Sa., So., Fei. 11.00–16.00 Uhr). Alle drei liegen am Eselsweg hoch zum Drachenfels. Man kann auch die nostalgische Drachenfelsbahn nehmen (www.drachenfelsbahn.de); sie hält auf halber Strecke an der **Drachenburg** (www.schloss-drachenburg.de; Anf. März–Mitte Nov. tgl. 11.00–18.00, Jan.–Mitte März, Nov.–Dez. 12.00–17.00 Uhr). Den Drachenfels krönen die Burgruine (12. Jh.) und ein Restaurant.

Tipp

Bienenstich mit Aussicht

Die Löwenburg wurde 1247 zum ersten Mal erwähnt. Seit dem 17. Jh. verfiel die Grenzfestung der Grafen von Sayn gegen Kurköln, bis 1881 sogar der einsturzgefährdete Bergfried abgetragen werden musste. Heute sind Grundriss und Ausmaße dank Bronzetafeln am Gemäuerstumpf ersichtlich. Doch der eigentliche Grund für den Aufstieg auf 455 m Höhe ist das umwerfende Panorama. Der Blick schweift über das Rheintal, tastet die dicht bewaldete Gipfelkette des Siebengebirges ab. Dazu die Stille! Kein Auto darf hinauf, auch nicht zum „Löwenburger Hof". Spezialität des idyllisch gelegenen Waldgasthofs ist der Bienenstich.

€/€€ Löwenburger Hof
Löwenburger Str. 30, 53639 Königswinter, Tel. 02223 2 44 46, www.loewenburger-hof.de

Am Rhein lassen sich Schiffs- und Radtouren kombinieren. Die Fontäne des Geysirs von Andernach zeigt sich ca. alle zwei Stunden.

UMGEBUNG
In **Rhöndorf** (südl.) befindet sich das Grab von Konrad Adenauer, das Wohnhaus ist Gedenkstätte (1876–1967; www.adenauerhaus.de).

INFORMATION
Tourismus Siebengebirge, Drachenfelsstr. 51, 53639 Königswinter, Tel. 02223 91 77 11; www.siebengebirge.com und www.koenigswinter.de

3 Linz

Die „bunte Stadt am Rhein" (6400 Einw.) lockt mit farbenfroh getünchtem Fachwerk.

SEHENSWERT
Neutor und Rheintor sind Reste der mittelalterlichen **Befestigung** (14. Jh.). Mariensäule, Ratsherrenbrunnen und Renaissance-**Rathaus** (16. Jh.) möblieren den weiten Marktplatz. Heimelig ist der Burgplatz mit der **Kurfürstlichen Burg** (ab 14. Jh.; u. a. mit Folterkammer, römischer Glashütte; www.burg-linz.de). Die Pfarrkirche **St. Martin** (um 1210) mit ihren Fresken (um 1230) vereint spätromanische und frühgotische Elemente.

UMGEBUNG
In der RömerWelt von **Rheinbrohl** (südl.) kann man in den römischen Alltag eintauchen; der Limeswanderweg beginnt am Museum (www.roemer-welt.de; Mitte März–Mitte Nov. Di.–So. 10.00–17.00 Uhr).
Weltweit bekannt wurde **Remagen** auf der linken Rheinseite (16 000 Einw.) durch die 1945 zerstörte Ludendorff-Eisenbahnbrücke, der im Kinofilm als „Brücke von Remagen" ein Denkmal gesetzt wurde. Die linksrheinischen Brückentürme werden als Friedensmuseum genutzt (www.bruecke-remagen.de; Mo. 14.00 bis 17.00, Di.–So. 10.00–18.00, Nov.–Ostern nur bis 17.00 Uhr). Das Skulpturenufer verbindet Remagen mit Rolandswerth.
Auf halber Strecke ist der klassizistische **Bahnhof Rolandseck** erreicht, der das **Arp Museum** mit Werken des Künstlers Hans Arp (1886–1966) beherbergt (www.arpmuseum.org; Di.–So., Fei. 11.00–18.00 Uhr). Der Blick durch den **Rolandsbogen** (nördl.) auf Strom und Siebengebirge war Pflicht jeder Rheintour des 19. Jahrhunderts.

INFORMATION
Tourist-Information Linz, Rathaus am Markt, 53545 Linz, Tel. 02644 25 26, www.linz.de
Tourist-Information Remagen, Josephstraße 1, 53424 Remagen, Tel. 02642 2 01 87, www.remagen.de

4 Andernach

Das heute von Industrie geprägte Andernach (23 600 Einw.) war als Militärlager Antunnacum eine der frühesten römischen Niederlassungen nördlich der Alpen.

SEHENSWERT
Stadtmauerreste und **Tore** (um 1200), romanischer **Mariendom** (bis 1250), **Rathaus** (16. Jh.), alter **Rheinkran** (um 1560) und **Runder Turm** (um 1450) haben Konkurrenz bekommen: Zischen und Gurgeln kündigen die

DER BLICK DURCH DEN ROLANDSBOGEN AUF STROM UND SIEBENGEBIRGE WAR PFLICHT EINER JEDEN RHEINTOUR DES 19. JAHRHUNDERTS.

60 m hohe Fontäne des **Geysirs** auf der Rheinhalbinsel Namedyer Werth an, zu der man per Schiff gelangt (Start beim Geysir-Erlebniszentrum; www.geysir-andernach.de; Mitte März bis Okt. tgl. 9.00–17.00, erste Abfahrt 11.15 Uhr).

UMGEBUNG
Die 1901 eröffnete **Brohltalbahn** nennt sich auch Vulkan-Express (www.vulkan-express.de), zuckelt die Schmalspurbahn von Brohl doch durch den Vulkanpark Eifel (www.vulkanpark.com). Über dem **Laacher See,** zu den Eifel-Maaren gehörend und vulkanischen Ursprungs, erhebt sich die Silhouette der romanischen Abteikirche **Maria Laach** (1093–1220; www.maria-laach.de).

INFORMATION
Andernach.net GmbH,
Hochstr. 80/Stadthausgalerie,
56626 Andernach, Tel. 02632 9 87 94 80,
www.andernach-tourismus.de

5 Neuwied

Das schachbrettartig angelegte Zentrum der Industriestadt (12 000 Einw., mit Eingemeindungen 66 000) wird von Schloss Neuwied dominiert, bis heute Sitz der Grafen und Fürsten zu Wied.

SEHENSWERT
Das **Schloss** (bis 1756 und um 1870) ist nicht zugänglich, lediglich ein Teil des Schlossparks. Der ehem. fürstliche Sommersitz **Monrepos** ist Museum für menschliche Verhaltensevolution (www.monrepos.leiza.de; Di.–So., Fei. 10.00–17.00 Uhr). Das prachtvolle ehem. kurfürstlich-trierische Barockschloss **Engers** (um 1760) ist Sitz der Landesstiftung Villa Musica (www.villamusica.de). Prunkstück der feudalen Innenaustattung ist der Saal der Diana.

INFORMATION
Tourist-Information, Pavillon Luisenplatz,
Marktstraße 59, 56564 Neuwied,
Tel. 02631 8 02 55 55, www.neuwied.de

Kulturpark

Im Zentrum des 6 **Kulturparks Sayn** **TOPZIEL** – ein Zusammenschluss von neun Sehenswürdigkeiten in Bendorf-Sayn – steht das neugotisch umgestaltete Schloss Sayn, zu dem u. a. der Garten der Schmetterlinge gehört, in dessen Tropenhäusern Falter aus Afrika, Asien und Südamerika flattern.

Kulturpark Sayn, Schlossstraße 100 (Schloss Sayn), 56170 Bendorf-Sayn, Tel. 02622 703 105, www.kulturpark-sayn.de

AUF SPÄTBURGUNDERSPUR

Unberührt von der Jahrhundertflut 2021 zählt der Rotweinwanderweg ab Bad Bodendorf durchs Ahrtal auf der 36 Kilometer langen Strecke 43 Einzellagen. Er lässt sich bequem unterteilen: Mit der Bahn kommt man immer wieder zum Ausgangspunkt zurück.

Die Rebstöcke laufen am „Ahrweiler Silberberg" Sturm gegen den Betonklotz der „Dokumentationsstätte Regierungsbunker". Das durch den Umzug der Staatsspitze von Bonn nach Berlin seiner Funktion beraubte Stollenlabyrinth ist eine der Hauptattraktionen am Rotweinwanderweg. Im Fall eines atomaren Angriffs hätten Kanzler, Minister und 3000 weitere Staatsträger einen Monat im Bunker ausharren können. Ein paar Hundert Tunnelmeter können besichtigt werden.

Gegen Aussichtspunkte wie die „Bunte Kuh" bei Walporzheim aber hat es der klamme Bunker schwer. Unter der Felsnase windet sich die Ahr ungehalten in ihrem Bett, von schroffen Schieferwänden und am Hang aufgetürmten Weinparzellen eingezwängt. 1500 Sonnenstunden pro Jahr und wärmespeichernde

Die Rebhänge am Rotweinwanderweg tupfen sich im Herbst bunt.

Hänge sind ideale Voraussetzungen für Spät- wie Frühburgunder, die den internationalen Vergleich nicht zu scheuen brauchen. In Dernau ist der „Hofgarten" ein bei Wanderern beliebtes Weinlokal. In Rech geht es über die Nepomukbrücke auf das rechte Ufer. Der Blick schweift nach Mayschoß, dessen Kirchturm aus einem Talkessel lugt: Mal sehen, was die Winzer im Dorf zu bieten haben.

Ahrtal-Tourismus: Oberstraße 8, 53474 Bad Neuenahr-Ahrweiler, Tel. 02641 91710, www.ahrtal.de und www.rotweinwanderweg.de

Dokumentationsstätte Regierungsbunker: Am Silberberg 0, 53474 Bad Neuenahr-Ahrweiler, https://regbu.de

Einkehren
€ € Hofgarten Dernau. Gutsschenke des Weinguts Meyer-Näkel
Bachstraße 26, 53507 Dernau,
Tel. 02643 15 40, www.hofgarten-dernau.de,
Mo.–Do. 12.00–21.00, Fr.–So. 12.00–22.00 Uhr

Oberes Mittelrheintal

*

BESUCH BEIM WELTERBE

*

Südlich von Koblenz schaltet der Rhein auf großes Landschaftskino um. Ungehalten wälzt sich der Strom in seinem Bett, vorbei an der Loreley. Dramatisch bäumen sich riffartige Felsen auf. Burgen lugen von den Höhen. Fachwerkselige Winzerdörfer drängen ans Ufer. Über Kilometer führt das Landschaftsbild den Titel UNESCO-Welterbe.

Blick vom Deutschen Eck auf die Festung Ehrenbreitstein in Koblenz – unübertroffen wuchtig thront sie hoch oben über Rhein und Mosel.

Die Stadtseite des Kurfürstlichen Schlosses in Koblenz: Hier residierte von 1786 an Clemens Wenzeslaus von Sachsen, der letzte Erzbischof und Kurfürst zu Trier.

Fast ein Wahrzeichen: „Der Daumen" von César vor dem Ludwig Museum in Koblenz

Die Historiensäule auf dem Joseph-Görres-Platz erzählt in Brunnenform die Geschichte von Koblenz. Der Platz erinnert an den Koblenzer Historiker und Publizisten Joseph Görres.

Moselseitige Altstadtfront von Koblenz mit dem spätgotischen Alten Kaufhaus (rechts) und den dahinter aufragenden Doppeltürmen von Liebfrauenkirche (links) und Florinskirche (rechts).

ERST MIT DEM BAU DES KURFÜRSTLICHEN SCHLOSSES VERSCHOB SICH DIE SCHOKOLADENSEITE VON KOBLENZ AN DEN RHEIN.

Confluentes, bei den Zusammenfließenden, tauften die Römer unter Kaisers Augustus ihre Militärstadt an der Mündung der Mosel in den Rhein. Nachdem sie bereits zu Cäsars Zeiten im Gallischen Krieg einen Rheinübergang gebaut hatten, entstand nun eine erste hölzerne Brücke über die Mosel. Der Bau legte die Ausrichtung von Koblenz für die nächsten 1800 Jahre fest. Am Moselufer präsentiert sich mit Balduinbrücke, Alter Burg, Bürresheimer Hof, Altem Kauf- und Danzhaus in der ersten Reihe sowie Königspfalz und Florinskirche dahinter die bis ins späte 18. Jahrhundert gültige Schauseite der Stadt.

Erst mit dem Bau des klassizistischen Schlosses ab 1777 verschob sich die Schokoladenseite der Stadt an den Rhein. Mit dem Einzug der Preußen ins Rheinland wurde das Rheinufer weiter aufgewertet. Das neuromanische Gebirge des Regierungsgebäudes entstand, und wichtiger noch: das Deutsche Eck. Für das monumentale Reiterstandbild Wilhelms I. wurde sogar die in den Mündungsbereich von Mosel und Rhein ragende Landzunge vergrößert. Im Zeitalter des aufstrebenden Rheintourismus kamen stromaufwärts das Grand Hotel Koblenzer Hof hinzu, das zwischenzeitlich so profanen Zwecken wie der Beherbergung des Bundesamts für Wehrtechnik und Beschaffung diente. 2011 musste der Bau allerdings wegen Einsturzgefahr geräumt werden. Nach langem Hin und Her fiel 2018 eine Entscheidung: Das Bundesamt kehrt zurück in den einsturzgefährdeten Koloss, aber erst nach umfassender Sanierung, wünschenswerterweise bis zur Bundesgartenschau 2029.

Koblenz-Besucher zieht es heute definitiv eher ans Rhein- als ans Moselufer. Während Letzteres durch bescheidene Wohnriegel aus der Nachkriegszeit an Attraktivität verloren hat, zeigt sich das Rheinufer mit der jüngst neu gestalteten Uferpromenade und gepflegten Gartenanlagen überaus repräsentabel.

FESTUNG GEGEN FRANKREICH

Als Anfang gilt ein römisches Castrum: Mit einem Kastell am Zusammenfluss von Mosel und Rhein begann die Stadtgeschichte. Dass auf dem gegenüberliegenden Rheinufer auf dem Hochplateau über Ehrenbreitstein bereits zur Bronzezeit ein Adelssitz bestand, geht dabei meistens unter. Der Ort war genial gewählt: Von hier oben lässt sich der Verkehr auf dem Rhein überwachen, die Mündung der Mosel kontrollieren und auch Koblenz in Schach halten.

Der Blick von Ehrenbreitstein ging traditionell nach Westen. Dort stand über Jahrhunderte der Feind. Gemeint

Von Ehrenbreitstein blickt man auf das Deutsche Eck mit dem Standbild Kaiser Wilhelms I. und dem ehemaligen Deutschherrenhaus (oben). Das Moselufer gegenüber und die über den Rhein hinausragende Aussichtsplattform Ehrenbreitsteins (unten rechts) sind Freizeitziele.

Bundes-gartenschau

Was bleibt?

Koblenz hat dank der Bundesgartenschau 2011 einen Riesensprung gemacht. Und es geht weiter: Nachhaltige Stadtentwicklung mit grünem Daumen lautet das Gebot.

Stolze 3 569 269 Besucher kamen 2011 zur Bundesgartenschau. Das Großereignis hat die Topografie von Koblenz verändert. Weiterhin erblüht das Umfeld des Kurfürstlichen Schlosses. Wichtiger noch ist aber die Verbindung zwischen Schlossstraße und den Gartenanlagen am Rhein. Bis 2013 sollte die Seilbahn pendeln, die das Deutsche Eck mit Ehrenbreitstein verbindet. Doch es wurde nachverhandelt: Die Seilbahn bleibt bis – mindestens! – 2026. Das Festungsplateau selbst erfreut nun als Landschaftspark Groß und Klein. Innerstädtisch zeugt der Zentralplatz von der städtebaulichen Erneuerung. Die einst unwirtliche Stadtbrache vereint das Mittelrhein-Museum, die Stadtbibliothek und das Stadtarchiv im ehemaligen Romanticum.

sind die Franzosen. 1632 öffnete der Trierer Erzbischof französischen Truppen die Festung und verhinderte so Schlimmeres. Nicht immer ging es so glimpflich ab. Im Pfälzischen Erbfolgekrieg schossen die Truppen Ludwigs XIV. Koblenz 1688 binnen einer Woche in Schutt und Asche. Nur die Festung Ehrenbreitstein hielt stand. 1794 kamen die Franzosen wieder, doch es sollte fünf Jahre dauern, bis die Festung durch Aushungern eingenommen werden konnte. Nach dem Abzug der Franzosen folgte ab 1815 der Ausbau Ehrenbreitsteins zu einer der größten Festungen Europas. Im Deutsch-Französischen Krieg 1870/71 und im Ersten Weltkrieg wurde die Festung hochgerüstet, ihre Waffen kamen jedoch nicht zum Einsatz. Gut so, denn so blieb auch das Paradebeispiel einer klassizistischen Festung erhalten.

MEHR BURGEN GIBT ES NIRGENDS

Die Marksburg, natürlich. An der einzigen seit ihrer Erbauung im 13. Jahrhundert weitgehend unzerstörten Höhenburg kommt kein Reisender vorbei. Schlank sticht der blütenweiße Bergfried in den Himmel. Wuchtig thront die Anlage auf dem Fels. Die Burg über Braubach, Landmarke und Aushängeschild des UNESCO-Welterbes, besticht im Innern durch Fresken, Rittersaal, Kemenate und in den Fels gehauene Reitertreppe. Seit 1900 ist die Marksburg passenderweise Eigentum der Deutschen Burgenvereinigung, der ältesten Denkmalschutzinitiative des Landes.

Nur einen Steinwurf weiter hat es die Philippsburg schon schwerer, die Gunst der Rheinreisenden zu gewinnen. Der Renaissancebau liegt nicht sonderlich spektakulär am Ortsausgang von Braubach, noch dazu versteckt hinter dem Eisenbahndamm. Auch auf der Philippsburg ist die Burgenvereinigung Hausherr und beherbergt hier das Europäische Burgeninstitut, in dem Literatur zum Thema Burg gesammelt und der Öffentlichkeit zugänglich gemacht wird. Dessen Leiter Dr. Reinhard Friedrich

Burg Stahleck oberhalb von Bacharach ist heute Jugendherberge.

Die Ruine der spätmittelalterlichen Burg Katz wurde im 19. Jahrhundert im Sinne der Burgenromantik wiederaufgebaut und ist heute in Privatbesitz.

Eingezwängt zwischen Uferstraße und Bahnlinie, überragt von der Burg Katz: St. Goarshausen mit seinem Stadtturm, dem Sitz des Loreley-Museums

DIE »WELTWEIT HÖCHSTE BURGENDICHTE« MACHT DEN RHEIN ZWISCHEN KOBLENZ UND BINGEN ZUM WELTERBE.

Ritterromantik durchweht noch Schloss Stolzenfels: Rüstung im Rittersaal (oben links). Unterhalb der gastlichen Burg Rheinstein (oben rechts) hat man Spaß am Rheinstrand von Trechtingshausen (unten links und rechts).

Die Marksburg oberhalb von Braubach ist das Flaggschiff der Rheinburgen.

würde am liebsten alle Burgen am Mittelrhein im Originalzustand sehen. Und weiß, dass allein für die Restaurierung des Torbaus der Philippsburg über 450000 Euro fällig wurden.

Über 40 Burgen und Wehranlagen säumen den Mittelrhein zwischen Koblenz und Rheingau. Mehr Mittelalterromantik geht nicht – selbst die Portale der Eisenbahntunnel aus dem 19. Jahrhundert sehen wie Burgtore aus. Um die Bauten zu erhalten, ist fast jede Nutzung recht.

Burg Stahleck über Bacharach dürfte die prominenteste Jugendherberge in Deutschland sein. Auf Burg Rheinstein, als erste Burgruine im 19. Jahrhundert neu aufgebaut für Prinz Georg von Preußen, kann man nun deutlich komfortabler als in mittelalterlichen Zeiten übernachten – im Kommandantenturm- oder im Prinz-Georg-Appartement beispielsweise – und in der Burggaststätte Kleiner Weinprinz eine Kleinigkeit essen, einen atemberaubenden Blick ins Tal gibt es gratis dazu.

Symbol der Rheinromantik schlechthin aber ist Schloss Stolzenfels. Kein Geringerer als Karl Friedrich Schinkel hat die Pläne für den Wiederaufbau der Ruine gezeichnet. Der preußische Oberlandesbaumeister schuf 1836 bis 1842 ein mit Zinnen, Fialen, Türmen und historistischem Interieur verbindliches Bild des romantischen Mittelalters. Da kann selbst ein Original wie die Marksburg nicht mithalten.

BRÜCKENPLÄNE MIT UNESCO?

Nachdem die Pläne für eine Rheinquerung zwischen Sankt Goar und Sankt Goarshausen zu Zeiten der rot-grünen Regierungskoalition am Widerstand der Grünen scheiterten, änderten die Wahlsiege der SPD 2016 und 2021 alles. Die Wahlsiegerin Malu Dreyer (SPD) ist bekennende Brückenbefürworterin. Die Brücke wird daher wohl gebaut. Weil das alles nicht ohne Bürgerbeteiligung, Protest und Prozesse abläuft, rollen die Bagger wohl nicht vor 2030. Denn eine Großbaustelle zur Bundesgartenschau 2029 ist nicht vermittelbar. Und schon wird bezweifelt, ob die Brücke überhaupt kommt. So stellen sich etwa die Landräte bei der Frage der Mitfinanzierung quer. Sollte sich zudem herausstellen, dass sie kaum genutzt würde, könnte das ganze Projekt kippen. Dennoch: 2023 wurde das Raumordnungsverfahren abgeschlossen und damit die erste Hürde für eine Baugenehmigung genommen.

Fakt ist, dass es auf den 90 Flusskilometern zwischen Koblenz und Mainz, auf denen es keine Brücke gibt, für den Verkehr buchstäblich eng werden kann.

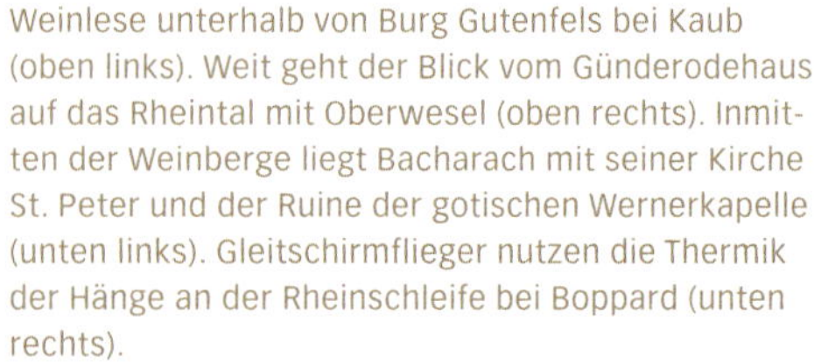

Weinlese unterhalb von Burg Gutenfels bei Kaub (oben links). Weit geht der Blick vom Günderodehaus auf das Rheintal mit Oberwesel (oben rechts). Inmitten der Weinberge liegt Bacharach mit seiner Kirche St. Peter und der Ruine der gotischen Wernerkapelle (unten links). Gleitschirmflieger nutzen die Thermik der Hänge an der Rheinschleife bei Boppard (unten rechts).

Die Fähren werden mit dem Andrang in Stoßzeiten kaum fertig. Lange Umwege über Land kommen die Wirtschaft teuer zu stehen. Ganze Landstriche drohen wegen der fehlenden Verkehrsanbindung demografisch auszubluten.

Doch es gilt, eine Lösung zu finden, die den Status als UNESCO-Welterbe nicht gefährdet.

RHEINLEGENDEN

Es war einmal eine Zeit, da reichte es, dass eine junge Frau ihr goldenes Haar kämmte und dazu eine „wundersame, gewaltige Melodei" sang. Schon gerieten die Schiffer in den Bann der „schönsten Jungfrau". So erzählte Clemens von Brentano 1802 von der Loreley, so dichtete Heinrich Heine 1824 in seiner berühmten Ballade, so machte Friedrich Silcher 1834 die Ballade zum vielleicht bekanntesten deutschen Volkslied.

»DIE SCHÖNSTE JUNGFRAU SITZET DORT OBEN WUNDERBAR; IHR GOLDNES GESCHMEIDE BLITZET, SIE KÄMMT IHR GOLDENES HAAR.«

Heinrich Heine

Der mystische, knapp 125 Meter hohe Fels südlich von Goarshausen – Ley heißt im Rheinischen Fels –, unter dem Zwerge werkeln sollen und der zudem angeblich den Nibelungenschatz verbirgt, zählt im Ausland unstrittig zu den bekanntesten deutschen Orten. Im Besucherzentrum wird in einer Ausstellung und einem Film unter anderem dieser Legende um die Jungfrau nachgegangen.

Legendär ist auch der Besuch Johann Wolfgang von Goethes 1774 im Wirtshaus an der Lahn; schaurig die Geschichte der Hexenprozesse zu Rhens, deren Urteile am Königsstuhl gesprochen wurde, dem Monument, das 1398 für die Wahl des deutschen Königs errichtet worden war.

Fachwerkromantik prägt den Weinort Bacharach – am Steeger Tor in der Stadtmauer (oben links), in der verwinkelten, von der Wernerkapelle überragten Gaststätte Posthof (oben rechts) und im Malerwinkel der Altstadt (unten rechts).

Das Weinhaus Altes Haus in Bacharach wurde sogar in einer Operette besungen.

„HANDSTREICH", „FELSENSPIEL" UND „MEISTERSTÜCK" HEISSEN DIE PROFILWEINE VOM MITTELRHEIN.

Das Rheintal ist voller toller Geschichten. Noch eine gefällig? Einfach im nächsten Dorf nachfragen!

WEINBAU IM HÖHENFLUG

Zunächst die schlechte Nachricht: Der Weinbau am Mittelrhein ist rückläufig. Immer mehr Steillagen liegen brach. Die Bewirtschaftung der bis zu 65 Prozent steilen Weinberge ist teuer, zu teuer, wenn man nicht auf Spitzenqualitäten mit entsprechenden Endpreisen setzt. Drei Viertel aller Weinstöcke in den rund 500 Hektar Rebflächen am Mittelrhein sind mit Riesling bepflanzt. Bei Winzer Jens Didinger etwa kann man die würzigen Tropfen aus dem Boppardér Hamm im gutseigenen Ausschank genießen. Und überhaupt scheinen die Weine aus der Region Boppard gerade eine absolute Hochzeit zu erleben.

JUNGE GIPFELSTÜRMER

Befeuert werden die Erfolge einer Handvoll renommierter Winzer von einer Gruppe junger Kollegen, die als „Gipfelstürmer vom Mittelrhein" von sich reden machen und brachliegende Rebflächen rekultivieren. Andere ziehen nach: So wird auf der rechten Rheinseite die vergessene Spitzenlage „Kauber Roßstein" mit ihren bis zu 100 Jahre alten Reben wieder bewirtschaftet. Darauf stößt man in einer der zauberhaften Weinwirtschaften wirklich gern mit einem Glas an.

PROFILWEINE

Noch leidet der Weinbau am Mittelrhein daran, kein klares Profil zu haben. Ein Vorstoß in Richtung Qualität und damit Profil ist die Mittelrhein Riesling Charta. Dabei haben sich 21 qualitätsbewusste Winzer des Mittelrheins zusammengeschlossen, die u. a. Kulturlandschaftsschutz durch die Sanierung der für den Mittelrhein prägenden Trockenbaumauern betreiben. Wer das grüne Siegel auf die Flasche kleben möchte, muss als Winzer einen strengen Kriterienkatalog befolgen. Dazu zählen das Herkunftsprinzip, das heißt Erzeugerabfüllung im Gebiet hergestellter Weine, die Beschränkung auf die Rebsorte Riesling, der Verzicht auf Konzentrierung, Aromatisierung oder Fraktionierung beim Ausbau sowie eine Qualitätskontrolle durch die Landwirtschaftskammer Rheinland-Pfalz und durch die Charta-Kommission.

Herzstück der Charta sind die Profilweine, die als wiedererkennbare Spitzenprodukte die Vielfalt und die Qualität der einzigartigen Weinkulturlandschaft Mittelrhein verkörpern. „Handstreich", „Felsenspiel" und „Meisterstück" heißen sie, filigran, ausgewogen oder vollmundig ist ihr Charakter.

Rheinkreuzfahrt

VON BRITISCHEN LORDS ZU BEST AGERN

Die Kreuzfahrt auf dem Rhein ist eine Erfindung aus den Pioniertagen des Tourismus. Ebenso lange ist Englisch eine der Hauptverkehrssprachen an Bord – wenn auch heute mit amerikanischem Akzent.

Im Jahr 1816 unterrichtete die „Kölnische Zeitung“ ihre Leser über ein „ziemlich großes Schiff, ohne Mast, Segel, Ruder ... mit ungemeiner Schnelle“. Auf dem Rhein gesichtet hatte der Redakteur den englischen Schaufelraddampfer „Defiance“: In knapp fünf Tagen absolvierte das Schiff die Strecke Rotterdam – Köln, angetrieben von einer 14 PS-Dampfmaschine. Im Vergleich zu heutigen Kreuzfahrtdampfern mit mehr als 1000 PS ein doch recht gemächliches Fahrvergnügen.

DIE GEBURTSSTUNDE

Im Jahr 1817 schipperte mit der „Caledonia“ ein zweites britisches Dampfschiff den Rhein bis nach Koblenz hoch, doch die Geburtsstunde der Rheinkreuzfahrt schlug erst zehn Jahre später. Denn am 1. Mai 1827 eröffnete die Preußisch-Rheinische Schifffahrtsgesellschaft mit dem Dampfschiff „Concordia“ die Linie Köln – Mainz.

Von Anfang an in großer Zahl dabei waren Briten. Befeuert von den Aquarellen William Turners (1775 bis 1851), der das Rheintal zwischen 1817 und 1844 elfmal mit der Staffelei unterm Arm bereist hat, und begleitet von John Murrays „Red Books“ (Handbooks for Travellers), die neben den Routenbeschreibungen auch ganz praktische Tipps zu Übernachtungsmöglichkeiten und Schiffsverbindungen enthielten, begaben sich Generationen britischer Adliger und betuchter Bildungsbürger auf die Rheinkreuzfahrt. Als 1832 Karl Baedekers „Rheinreise“ in seinem Koblenzer Verlag erschienen war, hatten auch die deutschen Touristen ihr Handbuch.

WICHTIGSTE KLIENTEL

Briten sind für viele Reedereien noch immer eine wichtige Klientel. Zahlenmäßig haben jedoch die Amerikaner die Oberhand gewonnen: Weit über die Hälfte aller Passagen in der Region sind von US-Bürgern ausgebucht. Eismaschinen auf den Kabinenfluren und Steaks als Alternative zu dem, was sonst auf der Tageskarte steht, sind daher an Bord selbstverständlich.

TREUE KUNDEN: BEST AGER

Ansonsten stehen auf Best Ager angepasster Komfort und Angebote ganz vorn. Die finanzstarke Gruppe der Generation „50+“ zählt zu den treuesten Kunden. Slow-Walker-Ausflugsprogramme, die hinsichtlich Tempo und Anspruch auch für Passagiere mit eingeschränkter Mobilität machbar sind längst selbstverständlich.

Eines hat sich in Zeiten von Internetbanking und Kreditkarten ebenfalls nicht verändert. Die Rhein-Benutzergebühr, die bei 1,36 Euro pro Flusskilometer liegt, muss beim ersten Schleusenwärter in Fahrtrichtung entrichtet werden.

Einen Hauch großer Kreuzfahrt bietet auch der Rhein.

Der Wasserstandsanzeiger am rechtsrheinischen Ufer in Koblenz reicht Jahrhunderte zurück.

»DIE MEHRZAHL DER REISENDEN IST DER MEINUNG, DASS MAN DIE SCHÖNHEITEN DES RHEINS GESEHEN HABE, WENN MAN MIT DEM DAMPFSCHIFFE FLÜCHTIG AUF- UND ABGEFAHREN SEI. ES KANN NICHT OFT GENUG WIEDERHOLT WERDEN, DASS KEINE MEINUNG IRRIGER IST, ALS DIESE.«

Karl Baedeker

Es gibt kaum eine herrlichere Möglichkeit, das Fluss- und Burgenpanorama Revue passieren zu lassen, als vom Schiff aus: Burg Maus über St. Goarshausen und Burg Gutenfels oberhalb von Kaub.

Allerdings sind mittlerweile wohl auch diese Kosten auf den meisten Schiffen im allumfassenden All-inclusive-Paket enthalten.

DREILÄNDER-KREUZFAHRT

Wer mag, kann seine Rheinkreuzfahrt auch noch umfangreich erweitern und gleich eine Dreiländer-Kreuzfahrt unternehmen – und zwar in Begleitung einer Prinzessin: Wie um den internationalen Anstrich einer solchen Reise zu unterstreichen, schippert die 110 Meter lange und 11,5 Meter breite, einer Schweizer Reederei gehörende und mit 35 Crewmitgliedern 140 Passagieren Platz bietende „MS Rhein Prinzessin" unter maltesischer Flagge.

In sieben Tagen geht die in Frankfurt zunächst noch am Main ablegende Fahrt über Mannheim, Speyer, Breisach, Basel, Straßburg, Worms und Rüdesheim bis nach Mainz. Zahlreiche Sehenswürdigkeiten liegen auf der Strecke, interessante Stadtbesichtigungen erwecken Lust auf Kultur, und auf die Weinprobe in Straßburgs Altstadt folgt am nächsten Abend der nicht minder verheißungsvolle Programmpunkt „Weinprobe und Musikkabinett".

Wie gut, dass man unterwegs auch immer wieder genügend Zeit hat, auf dem großen Sonnendeck oder im Wellnessbereich zu entspannen.

Information & Buchung

Phoenix Reisen:
www.phoenixreisen.com
Tel. 0228 9260-0
Rheinkreuzfahrten mit der MS Rhein Prinzessin oder einem Schwesterschiff wie der MS Anesha

Viking River Cruises:
www.vikingrivercruises.com
Tel. +46 8 452 40 87 (in Schweden)
U. a. Große Tour von Amsterdam bis Basel

A-ROSA Flussschiff GmbH:
www.a-rosa.de/flusskreuzfahrten
Tel. 0381 2 02 60 01
Rheinkreuzfahrten von Köln bis Amsterdam, von Köln bis Basel sowie kombinierte Kreuzfahrten auf Rhein, Mosel und Main.

Einen Überblick über Angebote und Schiffe gibt:
www.rhein-flusskreuzfahrten.com

Maßstab 1:215.000
MENDIG
-KÄRLICH
MÜLHEIM-
KOBLENZ
Naturpark
Nassau
BAD EMS
NASSAU
MAYEN
Ettringen
Kottenheim
Ochtendung
Bassenheim
Winningen
Dieblich
POLCH
Kobern-
Gondorf
LAHNSTEIN
BRAUBACH
RHENS
Waldesch
Spay
Osterspai
MÜNSTER-
MAIFELD
KAISERS-
ESCH
BOPPARD
Kamp-
Bornhofen
Rhein
NASTÄTTEN
Miehlen
-Karden
Treis-
COCHEM
EMMELS-
HAUSEN
SANKT GOAR
SANKT
GOARSHAUSEN
OBERWESEL
KAUB
Beltheim
KASTELLAUN
BACHARACH
LORCH
RHEINBÖLLEN
ZELL
(Mosel)
Mosel
Hunsrückhöhenstraße
Deutsche Alleenstraße
Moselschiefer-Straße
Loreley-Burgen-Straße
Rheinischer Sagenweg
Bäderstraße
Deutsche Limes-Straße

WELTERBE IN RHEIN-KULTUR

Keine Brücke stört am Oberen Mittelrhein das sich dramatisch verengende Tal. Beide Ufer verführen dank Dutzender Burgen und zauberhafter Weinorte schnell zum Besichtigungsmarathon. Dieser Zusammenklang veranlasste die UNESCO 2002 dazu, 67 Flusskilometer auf die Welterbeliste zu setzen.

1 Koblenz

Das „Tor zum Welterbe Oberes Mittelrheintal" fasziniert durch die Lage an der Mündung der Mosel in den Rhein. Als eine der ältesten Städte Deutschlands (113 300 Einw.) wurde Koblenz 9 n. Chr. von den Römern gegründet und war ab dem 11. Jh. im Besitz der Erzbischöfe von Trier – bis zum Einzug französischer Revolutionstruppen 1794. Im Zweiten Weltkrieg erlitt es schwerste Zerstörungen.

SEHENSWERT

Die **Altstadt** wird von den Doppeltürmen der **Florinskirche** (um 1100) und der **Liebfrauenkirche** (um 1180) überragt. Herz der Altstadt ist der **Jesuitenplatz** mit dem **Rathaus** im ehem. barocken Jesuitenkloster (16./17. Jh.). An die Erzbischöfe von Trier erinnert die **Alte Burg** (13. Jh.). Fast auf gleicher Höhe quert die 700 Jahre alte **Balduinbrücke** die Mosel. Für das neue Koblenz steht der neu gestaltete **Zentralplatz,** den das stromlinienförmige **Forum Confluentes** dominiert. Am Rheinufer beherrscht das klassizistische **Schloss** (18. Jh.) die im 19. Jh. von der späteren Kaiserin Augusta von Peter-Joseph Lenné nach Plänenvon Fürst Pückler-Muskau geschaffenen Uferanlagen. 1216 ließ sich der Deutsche Ritterorden am Zusammenfluss von Mosel und Rhein nieder; seitdem heißt die Landzunge **Deutsches Eck**. Das **Deutschherrenhaus** (13. Jh.) beherbergt heute das Museum Ludwig. Die Basilika **St. Kastor** (12. Jh.) umgibt einer der 27 Welterbegärten am Oberen Mittelrhein. Wahrzeichen des Deutschen Ecks aber ist das Bronze-Reiterstandbild für Kaiser Wilhelm I. (1897). Das knapp 120 m über dem Rhein gelegene Plateau von **Ehrenbreitstein** TOPZIEL bietet neben der Festung (1817–1827) einen Park mit Aussichtsplattform. In den Festungsbauten werden Sammlungen des Landesmuseums Koblenz gezeigt: zur Fotografie und zur Archäologie sowie Wechselausstellungen (www.tor-zum-welterbe.de; April–Okt. tgl. 10.00–18.00 Uhr, sonst kürzer). Im Fahnenturm kommt die Multimedia-Show „3000 Jahre befestigter Ort" hinzu. Das Haus des Genusses lädt mit seiner Vinothek ins Weinland Rheinland-Pfalz ein.

Das Wirtshaus an der Lahn in Lahnstein, ein Haus mit jahrhundertelanger Historie, widmet sich kulinarisch der Region.

MUSEEN

Im Kulturzentrum Forum Confluentes sind **Mittelrhein-Museum** mit dem Schwerpunkt Malerei der Romantik (www.mittelrhein-museum.de; Di.–So. 10.00–18.00 Uhr) und das Informationsbüro der Koblenz Touristik zu Hause. Das **Rhein- Museum** lässt die Rheinschifffahrt Revue passieren (Charlottenstraße 53a, www.rhein-museum.de; Di.–So. 10.00 bis 17.00 Uhr). Das **Ludwig Museum** TOPZIEL zeigt Kunst nach 1945, u.a. Arbeiten von Pablo Picasso, Max Ernst, Jean Tinguely und Niki de Saint-Phalle (Danziger Freiheit 1, Deutsches Eck, www.ludwigmuseum.org; Di.–Sa. 10.30 bis 17.00, So., Fei. 11.00–18.00 Uhr).

RESTAURANT

€ € €/€ € Gerhards Genussgesellschaft bietet Terrasse und Bistroküche (Danziger Freiheit 3, www.gerhards-genussgesellschaft.de). Der **€ € Trierer Hof** in einem Palais von 1786 hat komfortable Zimmer und eine zentrale Lage (Clemensstraße 1, 56068 Koblenz, Tel. 02611 00 60, www.triererhof.de).

VERANSTALTUNGEN

Mit dem Feuerwerkspektakel **Rhein in Flammen** wird der Rhein zwischen Bonn und dem Oberen Mittelrhein nächtlich in Szene gesetzt (www.rhein-in-flammen.com; Mai–Sept.). Zwischen Koblenz und Spay begleitet ein Schiffskonvoi mit über 60 Schiffen das Event (Aug.). Zeitgleich findet das **Koblenzer Sommerfest** statt (www.koblenzer-sommerfest.de).

UMGEBUNG

5 km südl. ist das **Schloss Stolzenfels** in von Lenné gestaltete Gartenanlagen gebettet. 1823 wurde die Burgruine dem preuß. Kronprinzen Friedrich Wilhelm geschenkt. 1838 begann unter Schinkel der Wiederaufbau (www.tor-zum-welterbe.de/schloss-stolzenfels; Mitte März bis Okt. Do–So. 10.00–17.00, Feb.–Mitte März, Nov. Sa., So., Fei. 10.00–17.00 Uhr).

INFORMATION

Tourist-Information im Forum Confluentes, Zentralplatz 1, 56068 Koblenz, Tel. 0261 1 29 16 10, www.koblenz-touristik.de

❷ Braubach

Gleich zwei Burgen sprechen für Braubach (3050 Einw.), dazu schmucke Fachwerkbauten des 16.–18. Jh.s und Reste der Stadtmauer.

SEHENSWERT

Das Fachwerkhaus **Eckfritz** (16. Jh.) beherbergt wie zur Erbauungszeit ein Wirtshaus. **St. Martin** (12./13. Jh.) wird heute als Friedhofskapelle genutzt. Im Tal liegt die umgebaute **Philippsburg** (16. Jh.) mit Renaissancegarten. Hoch über dem Ort steht die **Marksburg,** einzige Höhenburg des Mittelrheins (13. Jh.; www.marksburg.de; Mitte März–Okt. tgl. Führungen 10.00–17.00 Uhr, sonst kürzer).

UMGEBUNG

Bei **Lahnstein** (19 000 Einw.; www.lahnstein.de) wacht Burg Lahneck über die Mündung der Lahn; Kapelle und Rittersaal locken in die neugotisch wiederaufgebaute Burg (www.burg-lahneck.de; Ende März–Anfang Nov. Di.–So. Führungen um 11.00, 12.00, 13.00 u. 14.00 Uhr). Das um das Jahr 1500 entstandene Rathaus ist ein Fachwerkjuwel. Besucher zieht es eher ins **Wirtshaus an der Lahn:** Seit 1697 spiegelt sich der Gasthof im Fluss.

INFORMATION

Tourist-Information, Rathausstraße 8, 56338 Braubach, Tel. 02627 97 60 01, www.braubach.welterbe-mittelhrhein.de

Wohnen auf der Burg

1957 baute Familie Hüttl den Südtrakt der Schönburg zum stilvollen Hotel aus. Ein Himmelbett steht in der „Sieben-Jungfrauen-Kemenate“. Das „Prinzesszimmer“ bietet ein Alkovenbett und Schießscharten im Bad. Die Burg liegt am RheinBurgenWanderWeg.

€ € € Burghotel Auf Schönburg, 55430 Oberwesel, Tel. 06744 9 39 30, www.hotel-schoenburg.com

Schroffe Felsen und steile Weinterrassen bilden die landschaftliche Kulisse für den Pfalzgrafenstein mitten im Strom vor Kaub.

❸ Boppard

Das „Nizza des Rheins“ (16 000 Einw.) lockt mit Uferpromenade und Belle-Époque-Hotels.

SEHENSWERT

Vom **Römerkastell** Bodobrica (4. Jh.) blieb ein Stück Mauer mit Türmen als Archäologischer Park erhalten. Der Marktplatz wird von der Kirche **St. Severus** (13. Jh.) überragt; innen verweisen frühchristliche Gräber auf Vorgängerbauten. Die **Kurfürstliche Burg** (1327) beherbergt das städtische Museum (https://museum-boppard.de). Zu sehen sind Thonet-Möbel – Michael Thonet kam 1796 im Ort zur Welt. Die **Karmeliterkirche** (um 1300) hütet Barockaltäre und ein Chorgestühl (1470).

UMGEBUNG

Beim **Vierseenblick TOPZIEL** überschneiden sich Rheinschleife und Schieferhänge so eng, dass man meint, auf vier Seen zu schauen. Den grandiosen Blick kann man vom Mühltal aus erwandern oder den Sessellift hoch zum Gedeonseck nutzen (Talstation Mühltal, Tel. 06742 25 10). Das 1200-jährige fachwerkselige **Rhens** (www.rhens.de) mit seinem Rathaus (1514) wird teils von Mauern (14. Jh.) eingefasst. Etwas außerhalb liegt der steinerne **Königsstuhl**, Wahlstätte für die römisch-deutschen Könige. Nur die Basis stammt vom Original von 1398.

INFORMATION

Tourist-Information, Altes Rathaus, Marktplatz, 56154 Boppard, Tel. 06742 38 88, www.boppard-tourismus.de

❹ Sankt Goar

Der umtriebige Ort (2800 Einw.) liegt im Schatten von Burg Rheinfels.

SEHENSWERT

Das Grab des Missionars Goar (um 530) befindet sich in der romanisch-gotischen Stiftskirche **St. Goar** (11.–15. Jh.). Von der mittelalterlichen **Stadtbefestigung** blieben Teile erhalten. **Rheinfels** (1245) widerstand allen Belagerungen, verfiel aber im 18. Jh. Die Ruine lockt mit Aussichtsterrasse und Schänke.

VERANSTALTUNGEN

Winzerfeste laden das ganze Jahr über an zahlreichen Orten und auf Weingütern ein (www.mittelrhein-weinfest.de). **Rock-, Pop- und Volksmusikkonzerte** finden auf der Loreley-Freilichtbühne statt (Juni–Sept., www.loreley-freilichtbuehne.de).

UMGEBUNG

Mit der Fähre ist man im Nu in **St. Goarshausen.** Zwei Türme der Stadtmauer ragen zur Rheinseite auf. Der Schieferfels der **Loreley** ist eine Ikone des Rheintourismus (mit Besucherzentrum; www.loreley-touristik.de; April–Okt. tgl. 10.00–17.00 Uhr). **Burg Katz** (ab 1371), einst Besitz der Grafen von Katzenelnbogen, ist in japanischem Privatbesitz. **Burg Maus** (1355), die ihren Namen dem Spott der Grafen von Katzenelnbogen verdankt, kann mit Führung besichtigt werden (Tel. 06771 91 00).

INFORMATION

Tourist Info, Heerstraße 81, 56329 St. Goar, Tel. 06741 3 83, www.stadt-st-goar.de

❺ Oberwesel

Ein Ring mittelalterlicher Mauern mit 16 Türmen umgibt das 1000-jährige Städtchen (3000 Einw.), teils sind die Mauern begehbar.

SEHENSWERT

Das Kulturhaus verbindet den Charme eines alten Weinguts mit moderner Architektur; das dortige **Stadtmuseum** spannt den Bogen von den Römern zur Rheinromantik (www.kulturhaus-oberwesel.de; April–Okt. Di.–Fr. 10.00 bis 17.00, Sa., So., Fei. 14.00–17.00, Nov.–März Di. bis Fr. bis 14.00 Uhr). Die **Liebfrauenkirche** (14. Jh.) ragt steil über dem Ort empor; innen sind der filigrane Lettner, Wandmalereien, Chorgestühl und der Goldaltar Kunstschätze ersten Ranges. Die **Schönburg** (11.–13. Jh.) südl. der Stadt ist heute Burghotel.

UMGEBUNG

Die Ansicht von **Kaub** (900 Einw.; rd. 6 km südl.) ist weltbekannt: Oberhalb der Mauern und Türme thront die private Burg Gutenfels. In der Neujahrswoche 1814 setzte Generalfeldmarschall Blücher hier mit seiner Armee über den Rhein – daran erinnert die Blücherstatue im Uferpark. Den Befreiungskriegen ist das Blüchermuseum gewidmet (Metzgergasse 6, www.bluechermuseum-kaub.de; April–Okt. Di.–So. 11.00–17.00 Uhr). Fotogen: die per Fähre erreichbare ehem. Zollburg **Pfalzgrafenstein** (14. Jh.; www.burg-pfalzgrafenstein.de; Feb.–Mitte März, Nov. Sa., So., Fei. 10.00 bis 12.45, 14.00–15.45, Mitte März–Okt. Do.–So. 10.00 bis 12.45, 14.00–15.45 Uhr).

INFORMATION
Tourist-Information, Rathausstraße 3, 55430 Oberwesel, Tel. 06744 71 06 24, www.oberwesel.de

6 Bacharach

Fachwerkbauten, verschwiegene Höfe, Burgromantik: Bacharach (2000 Einw.) ist eine der „schönsten Städte der Welt" (Victor Hugo).

SEHENSWERT
Die **Altstadt** löst mit Mauern, Türmen und Altem Haus am Markt romantische Gefühle aus. **Burg Stahleck** (12. Jh.) ist Jugendherberge. Ein schöner historischer Hof ist der **Posthof.**

INFORMATION
Rhein-Nahe-Touristik, Oberstraße 10, 55422 Bacharach, Tel. 0674 91 93 03, www.rhein-nahe-touristik.de

Tipp

Herrlicher Rheinblick

Im Film „Heimat 3" bauen Clarissa und Herrmann sich ein Fachwerkhäuschen mit Blick auf den Rhein aus. Nicht irgendeines freilich: Schon die Dichterin Karoline von Günderode (1780–1806) lebte hier. Heute wissen Wanderer und Ausflügler die zauberhafte Lage zu schätzen. Das Günderodehaus, Drehort des dritten „Heimat"-Teils von Edgar Reitz, ist Ausflugslokal und Museum.

€ Günderodehaus am Siebenjungfrauenblick, Rheingoldstraße, www.guenderodehaus.de

WEIN & WANDERN

Die Lage macht's, beim Wein und beim Wandern. Auf dem Traumpfad „Rheingoldbogen" kommt beides zusammen. Mit den Traumpfaden (26 Premiumwanderwege) beschreitet der Kreis Mayen-Koblenz neue Wege: Runter vom Gas, rein in die Wanderschuhe – so soll die Umwelt geschont werden. Was mit der Anreise beginnt: Bus 650 bringt einen im Nu vom Bahnhof Koblenz zum Startpunkt in Brey. Im Weindorf beginnt die Wanderung.

Südlich von Spay zieht der Rhein einen gewaltigen Bogen. Weinbergterrassen türmen sich. Parzellen kleben wie Schwalbennester am Fels. Bopparder Hamm heißt die Spitzen- und Steillage, durch die ein gut drei Kilometer langer Abschnitt des Traumpfads „Rheingoldbogen" verläuft. Es ist so etwas wie die Königsetappe des Premiumrundwanderwegs: An einer Kreuzung liegt der Heiland im Winkel, beschützt von einer Linde. Dann wird der Traumpfad vom Mischwald verschluckt. Wo der Wald endet, beginnt das Breyer Hämmchen. Vor ein paar Jahren hat die Winzerbruderschaft aus Brey die Lage mit Reben neu bestückt und gleich dazu rote, früher für das Rheintal typische, heute im Bewusstsein für den Wert alter Obstsorten wiederentdeckte

Günstig, wenn ein Winzer am Traumpfad Aktuelles zum Weinanbau erzählt

Weinbergpfirsiche gepflanzt. Ein eisenzeitliches Gräberhügelfeld links, ein Pilgerkreuz rechts, und der Weg umrundet das ehemalige Kloster Jakobsberg (heute Gutshotel). Ein paar Wegkehren weiter steht eine Bank am Steilhang. Mauereidechsen nutzen den Schiefer zum Sonnenbaden. 70 Prozent und mehr neigt sich der Hang mit Reben. Der Blick fällt aufs Rheinknie. Lastkähne schuften sich durchs Wasser. Weiße Ausflugsschiffe schippern durch den burgenreichsten Abschnitt des Weltkulturerbes Mittelrhein. Mehr Rheingoldromantik geht nicht.

Start/Ziel: Brey, Dorfplatz an der Rheingoldstraße
Länge: 12,6 km, 292 Hm., mittelschwer;
Infos: www.traumpfade.info/pfad/traumpfad/rheingoldbogen/

Weinprobe: Vinothek Bacchuskeller (wbbh.de/unser-bacchuskeller.html); Weingut Müller (Unsere Favoriten, S. 20)

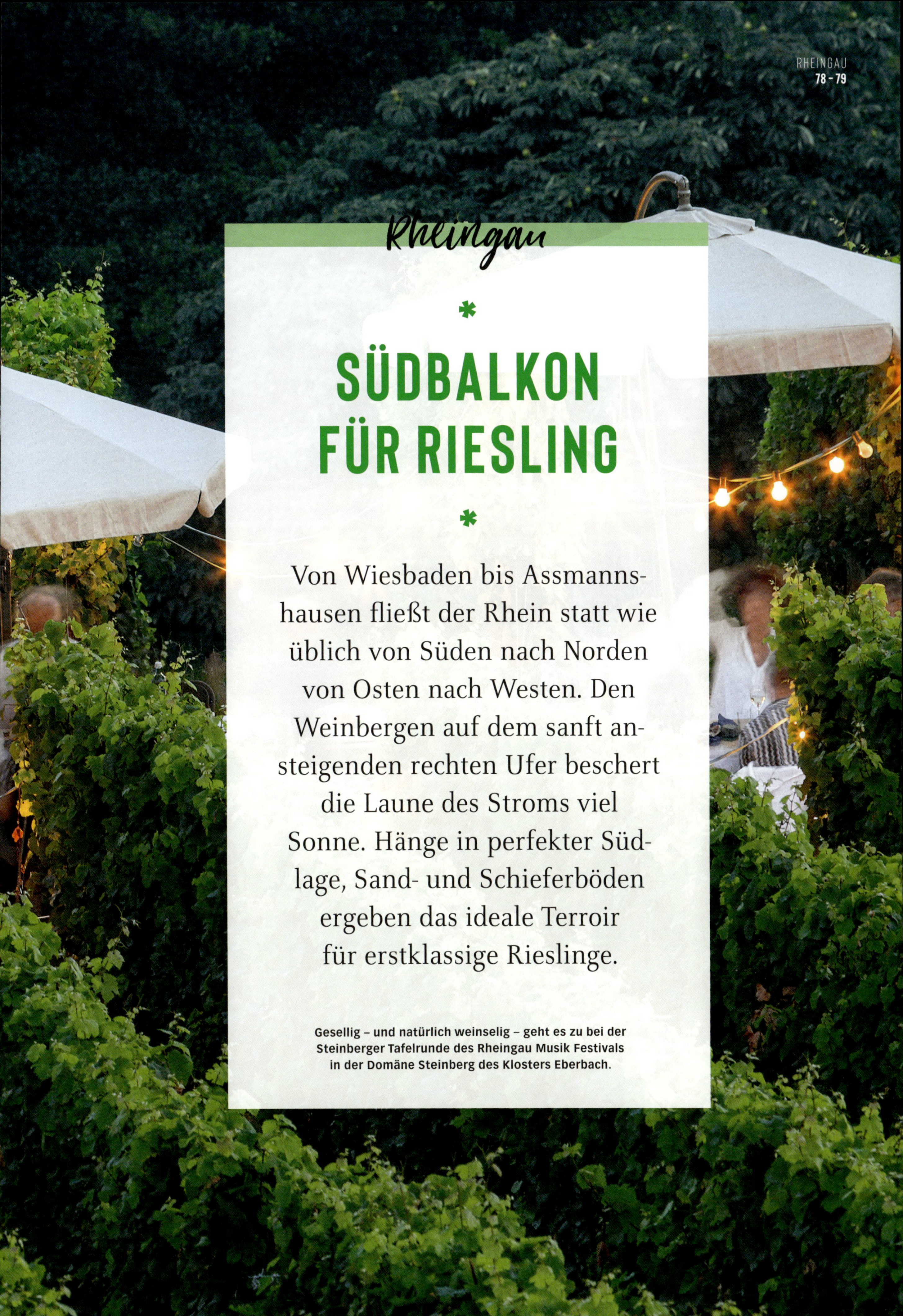

Rheingau

*

SÜDBALKON FÜR RIESLING

*

Von Wiesbaden bis Assmannshausen fließt der Rhein statt wie üblich von Süden nach Norden von Osten nach Westen. Den Weinbergen auf dem sanft ansteigenden rechten Ufer beschert die Laune des Stroms viel Sonne. Hänge in perfekter Südlage, Sand- und Schieferböden ergeben das ideale Terroir für erstklassige Rieslinge.

Gesellig – und natürlich weinselig – geht es zu bei der Steinberger Tafelrunde des Rheingau Musik Festivals in der Domäne Steinberg des Klosters Eberbach.

Weinbau ist das Thema im Rheingau: ob mit Weinen des Weinguts Abthof in Hahnheim (oben links) oder bei der Weinführung durch den Cabinetkeller der Domäne Steinberg des Klosters Eberbach (unten links), ob bei der Rieslinglese bei Rüdesheim (unten rechts). Fachwerk prägt Orte wie Lorch (oben rechts).

Auch das Weingut Schloss Vollrads bei Oestrich-Winkel hat einmal wehrhaft angefangen, wie der massige Wohnturm deutlich macht.

»WO AN DER STRASSE SOGLEICH DER WOHLUMZÄUNETE WEINBERG / AUFSTIEG STEILEREN PFADS, DIE FLÄCHE ZUR SONNE GEKEHRET / AUCH DEN SCHRITT SIE HINAUF UND FREUTE DER FÜLLE DER TRAUBEN / SICH IM STEIGEN …«

Aus Goethes „Hermann und Dorothea", das in einem rechtsrheinischen Weindorf spielt

Diese Landschaft – sanft, aber für Aktivurlauber noch immer anspruchsvoll und abwechslungsreich genug, schwappen die Hügel bis an den Horizont davon. Die Steigungen sind für Wanderer und Radfahrer fast jeder Kondition machbar. Das Angebot an Routen ist enorm. Fernwanderer können den 120 Kilometer langen Rheingauer Riesling-Pfad erkunden. Tagesausflügler finden von Hochheim bis Lorch passende Wanderungen, etwa den Brahmsweg in Rüdesheim und den Flötenweg in Oestrich-Winkel. Hotels werben mit dem Gütelabel „Wanderbares Deutschland" oder „Rheinsteig Partnerbetrieb": Wanderer sind hier herzlich willkommen. Manche Betriebe transportieren den Rucksack, andere bereiten ein Picknickpaket vor. Für Radfahrer ist das Angebot ähnlich paradiesisch. Das „Bett & Bike"-Logo des Allgemeinen Deutschen Fahrrad-Clubs verweist auf Übernachtungsbetriebe, die eine Radgarage haben und in denen man eventuell nasse Kleidung trocknen kann.

Die Rheingauer Riesling-Routen gibt es auch als 62 Kilometer langen Radweg. Schleifen durch die Weinberge trainieren die Waden. Wer es bequemer haben möchte, folgt dem Rheinuferweg, der zugleich Europäischer Fernradweg ist. Segway-Touren, Nordic Walking – der 35 Kilometer umfassende Rheingau Nordic Walking Riesling Park um Rüdesheim und Assmannshausen ist vom Deutschen Skiverband zertifiziert – und auch Mountainbiken ist eine weitere Aktivität, mit denen der Rheingau Aktivurlauber anspricht. Falls die Puste ausgeht, bleibt immer noch das Schiff, mit dem es samt Rad und Rucksack an den Ausgangspunkt zurückgeht.

WELTWEIT BESTE RIESLINGE

Queen Victoria bereiste mit Gemahl Albert den Rheingau 1845. Die Welt war danach um ein Bonmot reicher. „A Hock keeps off the doc", soll die britische Königin ihren Lieblingsriesling aus Hochheim gelobt haben. Heute trägt ein Weinberg über dem Dorf ihren Namen: Ein neugotisches Denkmal im Königin-Victoriaberg erinnert an die Gunst der Queen. Der Zar von Russland dagegen trank lieber Riesling aus der Lage Marcobrunn westlich von Erbach. Schon vorher waren Johann Wolfgang von Goethe und der künftige US-Präsident Thomas Jefferson süffelnd im Rheingau unterwegs gewesen.

Als beste Botschafter der Region bewähren sich die erlesenen Rieslinge bis heute. Zu fast 80 Prozent bedeckt die Rebe die Weingärten. Nirgendwo in Deutschland sitzt der „König der Weiß-

Es begann 1880 mit einer ersten Gastwirtschaft für Reisende: Heute ist die Drosselgasse in Rüdesheim ein rummeliger Anziehungspunkt für Rheintouristen.

Zu Beginn des 19. Jahrhunderts erhielt die Rüdesheimer Brömserburg ihr heutiges Aussehen. Sie beherbergt nunmehr ein Weinmuseum.

Rüdesheimer Altstadtgemütlichkeit macht auch vor Privattüren nicht halt.

weinreben" sicherer auf dem Thron. Nirgendwo am Rhein sind die Weingüter so traditionsreich und aristokratisch. Lieblich ist im Rheingau nur die Landschaft. Die Weine hingegen sind kraftvoll und bevorzugt trocken.

Um 1900 lagen die Preise für die Spitzenweine einiger Güter weltweit auf dem Niveau teurer Grands Crus aus dem Bordeaux. Vorbei. Doch noch heute werden für Trockenbeerenauslesen und Eisweine aus dem gut 3000 Hektar großen Anbaugebiet Preise erzielt, die international zu den höchsten für Weißweine zählen.

REISEZIEL FÜR GENIESSER

Als ob man es nicht immer gewusst hätte: Qualität zieht Qualität nach sich. Parallel zu den exzellenten Weinen hat die Küche im Rheingau ein Niveau, von dem man in anderen Weinbauregionen nur träumen darf. Befeuert wird der gastronomische Eifer von Veranstaltungen wie den zehntägigen „Rheingauer Schlemmerwochen", bei denen im Frühling Gutshöfe, Keller, Straußwirtschaften und Restaurants zu Weinproben und feiner Kost einladen. Es darf hochkarätiger sein? Bitte sehr: Kein vergleichbares Gourmetfestival in Europa kann mit so vielen internationalen Spitzenköchen und hochrenommierten Winzern aus

Weinentwicklung

Special

Innovation fürs Weinglas

Auf Schloss Johannisberg wurde 1775 zufällig die Spätlese „erfunden".

Innovationsgeist und Forscherdrang sind im Rheingau Winzertugenden. Vergeblich warteten die Mönche vom Johannisberg auf den Boten ihres Gutsherrn, des Fürstbischofs von Fulda, der die – damals nötige – Erlaubnis zur Lese bringen sollte. Der Reiter kam zu spät, die Trauben schimmelten schon. Geerntet und gekeltert wurden sie trotzdem. Und siehe da: Der Wein war von außerordentlicher Qualität, die Spätlese „erfunden" und die Edellfäule entdeckt. Was 1775 Zufall war, wird heute gezielt erforscht, und zwar in der dafür zuständigen Lehr- und Forschungsanstalt in Geisenheim. Das gilt auch für die Kellertechnik. Am „Steinberg", der bekanntesten Lage von Kloster Eberbach, haben Zisterziensermönche vermutlich bereits vor 900 Jahren erste Reben gepflanzt. In ihrem 2008 fertiggestellten Keller haben die Rieslinge von Deutschlands größtem Weingut erneut einen Qualitätssprung gemacht. Aber es geht auch eine Nummer kleiner: Unter den Augen der großen Häuser hat sich die aus Norddeutschland stammende Eva Fricke in Eltville als Spitzenwinzerin etabliert (s. S.20).

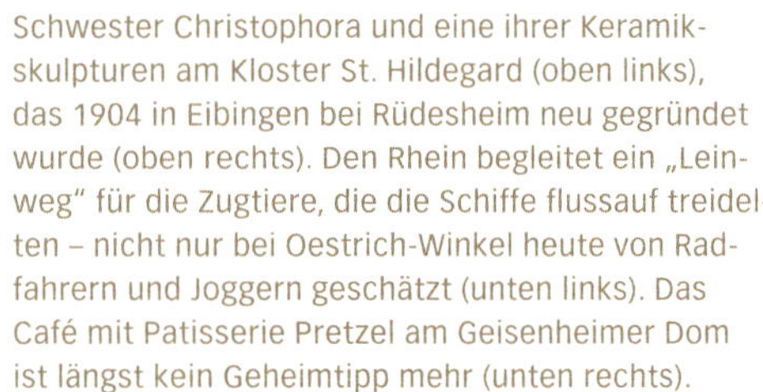

Schwester Christophora und eine ihrer Keramikskulpturen am Kloster St. Hildegard (oben links), das 1904 in Eibingen bei Rüdesheim neu gegründet wurde (oben rechts). Den Rhein begleitet ein „Leinweg" für die Zugtiere, die die Schiffe flussauf treidelten – nicht nur bei Oestrich-Winkel heute von Radfahrern und Joggern geschätzt (unten links). Das Café mit Patisserie Pretzel am Geisenheimer Dom ist längst kein Geheimtipp mehr (unten rechts).

der ganzen Welt aufwarten wie das Rheingau Gourmet & Wein Festival. Legendär sind die Auftaktpartys auf prominenten Weingütern oder in Klöstern, bei denen Spitzenköche aus dem Rhein-Main-Gebiet Kostproben ihres Könnens gaben. Als Höhepunkt gilt das Galadinner internationaler und deutscher Spitzenköche wie Sven Elverfeld, Klaus Erfort, Christian Bau, Tobias Schmitt und Philipp Stein, deren Menüs von großen, raren Weinen begleitet werden.

GENIESSERFREUDEN

Wenn die Lese eingebracht ist, klingt der gastronomische Festivalreigen mit den „Glorreichen Tagen“ im November aus. Zum Programm, das die VDP-Winzer des Rheingaus Hand in Hand mit Spitzenköchen der Region ausrichten, gehören etwa eine Riesling-Gala im Kloster Eberbach oder ein Abendessen mit hauseigenen Spitzenweinen beim Kiedricher Starwinzer Robert Weil.

WO, WIE IM RHEINGAU, „STRAUSSWIRTSCHAFTEN“ SEIT 1200 JAHREN GUTE TRADITION SIND, BRAUCHEN GENUSSMENSCHEN WIRKLICH NICHT ZU DARBEN.

Doch auch abseits des kulinarischen Festivalgeschehens hat der Rheingau Genießern reichlich zu bieten. Michelin-Sterne leuchten sowohl in Kiedrich über der „Weinschänke Schloss Groenesteyn“ als auch über dem „Jean“ des Hotels Frankenbach (Mainzer Hof & Gutenberg Hof) in Eltville.

Weinstuben wie der Gutsausschank Baiken in Eltville, Dorfgasthöfe wie „Die Wirtschaft“ in Oestrich-Winkel und Cafés wie das Café am Dom in Geisenheim verwöhnen rund ums Jahr. Glücklicher Rheingau.

Seit 700 Jahren überragen die weiße Kurfürstliche Burg und die derweil rote Burg Crass den Rhein- und Weinort Eltville (oben), wo die Gäste im lauschigen Platanengarten (unten links) sitzen. Der Alte Kran bei Oestrich-Winkel am Rheinufer erinnert an die lange Geschichte des Weinbaus.

Die Uferpromenade von Eltville führt am Eltzer Hof vorbei, seit 1629 Sitz der Grafen zu Eltz

SO ODER SO – OHNE DIE DROSSELGASSE HAT MAN DEN RHEINGAU NICHT GESEHEN.

IKONEN DES RHEINTOURISMUS

Für Eva Demski ist die Rüdesheimer Drosselgasse ein „Kurort gegen misanthropische Anwandlungen". Jeder, so fährt die Schriftstellerin in ihrem Büchlein „Rheingau" fort, dürfe hier so falsch singen, wie er will. Womit sie goldrichtig liegt. Wer die freundliche Sicht auf die knapp 145 Meter lange Gasse mit gefühlten knapp 145 Meter Theke nicht teilen kann und angesichts von Ramschläden und Billiggesöffschwemmen die berühmteste Saufmeile am Rhein flieht, liegt freilich ebenfalls richtig. So oder so, ohne die Drosselgasse hat man den Rheingau nicht gesehen.

Die Liste der Ikonen des Rheintourismus im Rheingau ist lang. Auf nur wenigen Kilometern reihen sich die malerischste Uferfront am ganzen Rhein – in Eltville –, der am besten erhaltene gotische Pfarrbezirk – in Kiedrich –, eines der am besten erhaltenen mittelalterlichen Klöster Deutschlands – Eberbach –, das prachtvollste Renaissancepalais zwischen Mainz und Köln – Hilchenhaus in Lorch. Dazu kommen der Rheingauer Dom in Geisenheim, das monumentale Niederwalddenkmal, romantische Fachwerkwinkel und barocke Herrenhäuser dorfauf, dorfab.

Auch das Seelenheil kommt nicht zu kurz. Die Abtei St. Hildegard in Eibingen geht auf eine Gründung der am 10. Mai 2012 heiliggesprochenen Hildegard von Bingen zurück. Die „Prophetissa teutonica" des 12. Jahrhunderts muss sich der Rheingau allerdings mit dem gegenüberliegenden Rheinufer teilen. Dort verlebte Hildegard von Bingen ihre letzten 30 Lebensjahre.

ERSTKLASSIGES AUS DEM KLOSTER

Sean Connery was here. Der Ex-James-Bond spielte in Kloster Eberbach den Mönch William, der – dem Verbrechen auf der Spur war, natürlich. „Der Name der Rose" hieß der Film, 1985/86 im auch Kloster gedreht nach dem Bestseller von Umberto Eco. Die mit romanischer Basilika, Laienrefektorium, Dormitorium und Hospitalkeller weitgehend im Originalzustand erhaltene Zisterzienserabtei lieferte einen kongenialen Drehort für Ecos Mittelalterkrimi. Und der Streifen machte Kloster Eberbach weltbekannt. Seit vielen Jahren nimmt das Kloster mit dem Klassiker von Jean-Jacques Annaud am KinoSommer Hessen teil. Kein Platz bleibt leer. Der Kino-Mythos lebt.

Der des klösterlichen Weinguts ebenso. Hinter der drei Kilometer langen Bruchsteinmauer um den „Steinberg" verbirgt sich die bekannteste Lage. Seit 1946 beherbergt das Kloster die Hessischen Staatsweingüter. Allein die Lage

Im Mönchsdormitorium von Kloster Eberbach spielen sich die Musiker des vor dem Kreuzgang dargebotenen Rheingau Musik Festivals ein.

Eine Bruchsteinmauer umschließt die Klösterlich Eberbach'sche Domäne Steinberg.

Anlässlich der Steinberger Tafelrunde des Rheingau Musik Festivals durchzieht eine schier endlose Tischreihe die Lage Steinberg.

Steinberg umfasst 32 Hektar und ist eine der wenigen Lagen in Alleinbesitz. 1867 wurde der Steinberg bei der weltweit ältesten Weinbergsklassifizierung als Klasse I eingestuft.

FEST DER SINNE

Erstklassig sind auch die Konzerte, die anlässlich des Rheingau Musik Festivals allsommerlich im Kreuzgang von Kloster Eberbach erklingen. Auch Schloss Johannisberg, Schloss Vollrads oder der Rheingauer Dom in Geisenheim sind mit von der über 170 Konzerte umfassenden Musikpartie – mit 120 000 Besuchern eines der führenden Musikfestivals in Europa. Ein wenig Schaulaufen gehört dazu, wenn etwa Politgranden aus Wiesbaden und Hessen sich zu den Highlights einfinden. Von Bayreuther Verhältnissen inklusive Hofberichterstattung der Yellow Press aber ist man im Rheingau weit entfernt.

Was ebenfalls für das wenig orthodoxe Programm gilt. Der Schwerpunkt liegt zwar auf der klassischen Musik, die Veranstaltungen reichen aber auch bis zu Jazz, Weltmusik und Kabarett. Was zählt, ist Qualität. Das Festival versteht sich zudem als Fest der Sinne. Konzerte mit Brunch oder Musik vor der im Weinberg aufgestellten Tafel lösen das Versprechen ein. Als ob man im Rheingau etwas anderes erwartet hätte.

Lärmbelästigung

IM WÜRGEGRIFF DES (BAHN-)VERKEHRS

Fast jeder zweite Bewohner zwischen Koblenz und Mainz leidet unter Bahnlärm. Der Güterverkehr ist zur Geißel geworden. Allein auf der rechtsrheinischen Seite rattern und tosen jede Nacht 120 Güterzüge mit Spitzenlautstärken von bis zu 110 Dezibel durchs Mittelrheintal.

Warten, bis der Zug vorbeigedonnert ist –
ein alltägliches Bild am Bahnübergang in Rüdesheim

Eine Umfrage der Fachhochschule Trier förderte vor einigen Jahren Erschreckendes zutage. Jeder fünfte im Mittelrheintal Befragte klagte über durch Bahnlärm verursachte massive Schlafstörungen. Am stärksten betroffen sind die Gemeinden St. Goarshausen, Stolzenfels, Kaub und Rüdesheim, mit den daraus resultierenden Folgen von fallenden Grundstückspreisen bis zu Rissen an den Häusern. Der Lärm bremst darüber hinaus die touristische Entwicklung – wer will schon den Krach von täglich bis zu 600 Zügen ertragen?

Und auch die Geduld der Anrainer geht zu Ende. Sie sprechen bereits von „Rheintal 21". Ein Zehn-Punkte-Programm der beiden betroffenen Bundesländer soll endlich Abhilfe schaffen, vorrangig durch Maßnahmen an der Quelle, also am veralteten Zugmaterial. Dazu müssen Waggons ausrangiert und leisere Bremssysteme in die Güterwagen eingebaut werden. Die Bahn verspricht Besserung. 2012 rollte der erste auf „Flüsterbremsen" umgestellte Zug testweise durchs Tal. Bei diesen neuen Bremsen aus Verbundkunststoff halbiert sich der zu ertragende Lärmpegel. War im 2013 zwischen Union und SPD geschlossenen Koalitionsvertrag als Ziel der komplette Umstieg auf die leisen Bremsen bis 2020 genannt, sieht das Konzept „Lärmschutzziel 2030" sogar vor, dass bis Ende des Jahrzehnts die Hälfte aller Anwohner von Bahnstrecken vom Schienenlärm befreit sind.

UND WIEDER: DAS LIEBE GELD

Die Zeit drängt. Durch die Eröffnung des Schweizer Gotthardbasistunnels 2016 sollte das Güterzugaufkommen im Rheintal laut Prognosen um 75 Züge am Tag zunehmen. Auch an Gleisen und Brücken ist technisch noch einiges bei der Lärmvermeidung drin. Das alles aber kostet.

Bereits 2012 wurde auf Drängen der Bürgerinitiative im Mittelrheintal gegen Umweltschäden durch die Bahn e. V. unter der Leitung von Willi Pusch der Beirat „Leiseres Mittelrheintal" vom damaligen Bundesverkehrsminister Peter Ramsauer und Bahnchef Rüdiger Grube ins Leben gerufen. Die zuarbeitende Fachgruppe, zu der neben dem Bund, der DB AG und der Initiative auch Bundestagsabgeordnete, Minister der Länder Hessen und Rheinland-Pfalz sowie Vertreter des UNESCO-Welterbegebiets Oberes Mittelrheintal zählen, erarbeitete zunächst eine Machbarkeitsstudie. Wirkliche Abhilfe vom Bahnlärm brächte nur die Verlagerung des Güterverkehrs auf eine Entlastungsstrecke. Bis dahin hatte das Berliner Verkehrsministerium für den Vorschlag, eine neue Bahnstrecke zu bauen, nur taube Ohren.

AUSWEICHSTRECKEN

Der mit Spannung erwartete Bundesverkehrswegeplan, 2015 veröffentlicht, umfasste die Möglichkeit einer Ausweichstrecke für die überlastete Rheinschiene: Im Gespräch sind verschiedene Trassen; auch der Bau eines mehr als 100 Kilometer langen Eisenbahntunnels durch Taunus und Westerwald zur Entlastung.

Ein Erzzug rauscht durch Bacharach.

Um die Jahreswende 2020/21 wurden die letzten von 330 000 Schienenstegdämpfern verbaut. Laut Bahn trägt die Technik dazu bei, den Lärmpegel eines durchfahrenden Zugs um drei Dezibel zu senken. Insgesamt sind seit 2018 zwischen Eltville und Leutesdorf 5500 Tonnen Lärmschutzmaterial verbaut worden, darunter 7,4 Kilometer Lärmschutzwände. „Ein Tropfen auf den heißen Stein" kontert die Bürgerinitiative „Pro Rheintal" und schätzt die Lärmreduzierung auf max. ein bis zwei Dezibel.

Deren Vorsitzender Frank Groß klagt zudem, dass Schutzwände und Bahnlärm zu einer „Käfighaltung" führten. Zugleich plant die Bahn bei der für 2026 bis 2028 anberaumten Generalsanierung der links- und rechtsrheinischen Strecke zwischen Wiesbaden und Koblenz die Installierung der Betriebstechnik ETCS Level 2. Dadurch könnten noch mehr Züge durchs Tal fahren – bis zu 1000 täglich.

Informationen

Bürgerinitiative im Mittelrheintal gegen Umweltschäden durch die Bahn e.V.: www.bahnlaerm-mittelrhein.de); Bürgernetzwerk „Pro Rheintal": www.pro-rheintal.de

NASTÄTTEN
IDSTEIN
KÖNIGSTEIN im Taunus
BAD SODEN am Taunus
KELKHEIM (Taunus)
EPPSTEIN
Niedernhsn.
BAD SCHWALBACH
TAUNUSSTEIN
WIESBADEN
HOFHEIM am Taunus
Kriftel
Heidenrod
Naturpark Rhein-Taunus
Schlangenbad
Kiedrich
ELTVILLE am Rhein
Walluf
Budenheim
MAINZ
HOCHHEIM am Main
FLÖRSHEIM am Main
RAUNHEIM
RÜSSELSHM.
Bischofsheim
Gustavsburg
Ginsheim-
LORCH
KAUB
BACHARACH
Trechtingshausen
OESTRICH-WINKEL
GEISENHEIM
RÜDESHEIM am Rhein
BINGEN am Rhein
INGELHEIM am Rhein
GAU-ALGESHEIM
Heidesheim am Rhein
Wackernheim
Ober-Olm
Klein-Winternheim
Bodenheim
Nauheim
Trebur
GROSS-GERAU
Ockenheim
Schwabenheim an der Selz
Essenheim
Stadecken-Elsheim
NIEDER-OLM
Nackenheim
Zornheim
Mommenheim
Saulheim
Gensingen
Bretzenheim
Langenlonsheim
Guldental
Waldalgesheim
Münster-Sarmsheim
Weiler bei Bingen
STROMBERG
Rheingauer Riesling-Route
Deutsche Limes-Straße
Bäderstraße
Rheinhessen
Rheingaugebirge
Hohe Kanzel
Kalte Herberge
Rhein
Main
Maßstab 1:200.000

KLEIN, ABER FEIN

Ganze 35 Kilometer lang und zwischen wenigen Hundert Metern und 3 Kilometern breit – als Weinbauregion aber zählt der Rheingau zu den ganz Großen. Als Kulturlandschaft wartet die Region mit Klöstern, Schlössern und historischen Ortsbildern auf. Den Taunus im Rücken und den Rhein zu Füßen haben Wanderer und Radfahrer.

1 Lorch

Reich wurde Lorch (3800 Einw.) im Mittelalter durch seine Lage vor den Stromschnellen des Binger Lochs: Im Ort mussten die Waren auf kleinere Schiffe umgeladen werden, oder sie wurden an Land über den Kaufmannsweg nach Rüdesheim und Geisenheim transportiert.

SEHENSWERT
Von der **Stadtbefestigung** (13. Jh.) blieb u. a. die Ruine von **Burg Nollig** (ca. 30 Min. Fußweg) erhalten. Die Pfarrkirche **St. Martin** (14. Jh.) hütet u. a. einen spätgotischen Hochaltar. Aus den Adelshöfen sticht das gewaltige **Hilchenhaus** (Mitte 16. Jh.) hervor, dessen Renaissancepracht umfassend saniert und zudem in das Investitionsprogramm für nationale Welterbestätten der UNESCO aufgenommen wurde. Das **Robert-Struppmann-Museum** zeigt als Kunst- und Heimatmuseum u. a. sakrale Skulpturen von ca. 1400 (Am Markt, Rathaus; April–Okt. Sa., So. 14.00–17.00 Uhr).

VERANSTALTUNG
Beim **Hilchenfest** (alle 2 Jahre, in ungeraden Jahren, 3. Juli-Wochenende) bauen lokale Winzer ihre Stände auf.

INFORMATION
Tourist-Information, Rheinstr. 48, 65391 Lorch, Tel. 06726 8 39 92 49, lorch-rhein.de

2 Rüdesheim

Der schmucke Weinort (9500 Einw.) hat mit Drosselgasse, Weinbau seit etwa 1000 Jahren, Niederwalddenkmal und der heiligen Hildegard einige touristische Standbeine. Die Flotte der Kreuzfahrtschiffe, die hier anlegt, tut ein Übriges. Kurzum, hier brummt's – nicht nur beim hier und im benachbarten Assmannshausen obligatorischen feuchtfröhlichen Weinfest.

SEHENSWERT
Markanter Rest der alten Stadtbefestigung ist der knapp 21 m hohe **Adlerturm** (15. Jh.). Aus den Adelshöfen in der Oberstraße ragt der Brömserhof mit rapunzelwürdigem Fachwerkturm; er beherbergt **Siegfried's mechanisches Musikkabinett** mit einer Sammlung von Automaten-Instrumenten (www.smmk.de; März–Dez. tgl. 11.00–17.00 Uhr). Die Fachwerkpracht des Klunkhardshofs (16. Jh.) lehnt sich an die Wehrmauer. Die trutzige **Brömserburg** erhielt ihr romantisierendes Aussehen um 1815. Der im Kern tausend Jahre alte Bau soll für ein paar Millionen Euro saniert werden. Bis dahin bleibt das Rheingauer Weinmuseum geschlossen (www.rheingauer-weinmuseum.de). Im **Asbach-Besucherzentrum** dreht sich alles um den seit 1892 hergestellten Weinbrand, der auch in den Rüdesheimer Kaffee gehört (Ingelheimer Straße 4, www.asbach.de; März bis Mitte Dez. Di.–Sa. 9.00–17.00 Uhr).

Der Blick geht weit übers Tal – vom Rossel (oben) wie vom Tempel beim Niederwalddenkmal (rechts). Weinreben prägen die Landschaft.

HOTEL UND RESTAURANT
Das **€ € Trapp** ist ein liebevoll geführtes Familienhotel. Die Zimmer sind gepflegt, die Lage ist zentral (Kirchstr. 7, www.hotel-trapp.de). Speisen mit Ausblick kann man im stylishen Restaurant **Am Niederwald** (www.am-niederwald.de; s. auch „Umgebung").

UMGEBUNG
In **Eibingen** (nördl.) ist am 17. Sept. der in der Wallfahrtskirche St. Hildegard verwahrte Hildegardisschrein Ziel einer Prozession. Zur nahen, 1904 gegründeten **Abtei St. Hildegard** (www.abtei-st-hildegard.de) gehört ein Klosterweingut; die Riesling-Spätlese Domus Domini zählt zu den besten Tropfen des Rheingaus.
Mit der Seilbahn oder auf einem Wanderweg ist der **Osteinsche Niederwald** zu erreichen. Das 304 ha große Areal wurde Ende des 18. Jh.s zu einem Parkwald umgestaltet. Hier steht das **Niederwalddenkmal** (1877–1883) mit der 640 Zentner schweren Bronze-Germania – sie sollte das nach dem Sieg über Frankreich 1871 gegründete Deutsche Kaiserreich feiern. Vom Niederwaldtempel (1788; 2006) ist der Blick über das Tal umwerfend. Die **Rossel** (1774) ist ein künstlicher Ruinenturm mit Blick auf die Ruine von Burg Ehrenfels, Nahemündung und Binger Mäuseturm.
Beim Namen **Assmannshausen** (1000 Einw.) denkt man an Rotwein. Der „Höllenberg" gilt als Filetstück innerhalb der 75 ha Weinberge; für viele wächst hier der beste Spätburgunder des ganzen Rheintals. Die gotische **Heilig-Kreuz-Kirche** wurde im 19. Jh. neugotisch ausgestattet; aus dem späten 15. Jh. stammt eine Altartafel aus der Schule von Matthias Grünewald mit der Darstellung des Marientods.

INFORMATION
Tourist-Information, Rheinstr. 29 a, 65385 Rüdesheim, Tel. 06722 90 61 50, www.ruedesheim.de

3 Geisenheim

In der Weinwelt ist Geisenheim (11 500 Einw.) durch die 1872 eröffnete Forschungsanstalt für Wein,- Obst- und Gartenbau ein Begriff. Sie liegt im Industriegebiet – umso einladender ist die Altstadt.

SEHENSWERT
Weithin sichtbares Wahrzeichen ist der **Rheingauer Dom** (1836–1839), dessen neugotische Zwillingstürme Geisenheim überragen. Um 700 Jahre alt ist die Geisenheimer Linde gegenüber dem 1855 erbauten **Rathaus.** Am östlichen Rand der Altstadt liegt **Schloss Schönborn** (um 1150) mit Ecktürmchen und eckigem, außen angesetztem Treppenturm.

HOTEL UND RESTAURANT
Zimmer mit Himmelbett oder Designnote sind auf € € € **Burg Schwarzenstein** zu finden (Rosengasse 4, 65366 Johannisberg, Tel. 067229 95 00, www.burg-schwarzenstein.de).

Tipp

Das Duftwunder

Als „Rosenstadt" gilt Eltville bereits seit 1871, als über eine halbe Million Rosen auf den Feldern vor der Stadtmauer standen – verkauft bis an den Hof von St. Petersburg. Offiziell trägt Eltville den Titel seit 1988. Grund für die Aufnahme in den Kreis der neun deutschen „Rosenstädte" war die Anlage des Rosengartens um die Kurfürstliche Burg. Im Schutz des Burggrabens, in der Altstadt und an der Rheinpromenade duften und blühen 22 000 Rosenstöcke in 350 Sorten, darunter die flammenrot strahlende „Stadt Eltville" und die nach Apfel duftende „Schönes Eltville".

ROSENSTADT ELTVILLE
www.eltville.de/freizeit-tourismus/erleben-entdecken/stadtportrait/rosenstadt/

Üppiger Genuss und faszinierende Schlichtheit: Eichenfass in Schloss Johannisberg und Langhaus der Klosterkirche von Eberbach

UMGEBUNG
Der steinerne Spätlesereiter erinnert daran, dass ein 1775 verspätet mit der Lesegenehmigung eintreffender Kurier auf **Schloss Johannisberg** (www.schloss-johannisberg.de) zur ersten Spätlese führte, denn die Benediktinermönche erkannten den Wert der Edelfäule. Die im Zweiten Weltkrieg zerstörte romanische Klosterbasilika (zugängl.) und das ebenso zerstörte Barockschloss (nicht zu besichtigen, Privatbesitz der Fürsten von Metternich) wurden wiederaufgebaut. Fantastisch ist die Lage über den Weinbergen mit Rheinpanorama, die man von der Terrasse der Schlossschänke auf dem Johannisberg (Tel. 0672 29 60 90) genießt.

INFORMATION
Tourist-Information, Rathaus, Beinstraße 1, 65366 Geisenheim, Tel. 06722 70 11 93, www.geisenheim.de

4 Oestrich-Winkel

Fast nahtlos gehen die traditionsreichen Winzerdörfer Oestrich, Mittelheim und Winkel (12 000 Einw.) ineinander über.

SEHENSWERT
Wahrzeichen Oestrichs ist der **Weinverladekran** (18. Jh.) am Rheinufer. Er erinnert an den kurmainzischen Weinvertrieb. Die ursprünglich gotische Pfarrkirche **St. Martin** wurde oft verändert, **St. Ägidius** in Mittelheim blieb hingegen romanisch und weitgehend original. Im spätbarocken, in weiten Teilen original erhaltenen und möblierten **Brentanohaus** in Winkel, einem Fixpunkt der Rheinromantik, waren u. a. Goethe, Wieland und Beethoven zu Gast (Führungen: www.brentano -haus.de). Fast am Rhein liegt das **Graue Haus** (um 1160), einer der seltenen romanischen Profanbauten am Rhein.

RESTAURANT
Das € € **Weinlokal Allendorf im Brentanohaus** bietet gehobene Landküche und Rheingauer Weine (Am Lindenplatz 2, Tel. 06723 8 85 40 70, www.brentanohaus.de). Nobel geht man im Saal mit Wintergarten zu Tisch, ungezwungen auf der schönen Terrasse: € € € / € € **Gutsrestaurant Schloss Vollrads** **TOPZIEL** (Vollradser Allee, Winkel, Tel. 06723 66 16, www.schlossvollrads.com). € € / € **Die Wirtschaft** – eine urige Weinstube (Hauptstr. 70, Winkel, www.die-wirtschaft.net).

UMGEBUNG
Zu den großen Weingütern des Rheingaus zählt **Schloss Vollrads** (www.schlossvollrads.com). An die Ursprünge der Burg erinnert der aus einem Teich ragende Wohnturm (14. Jh.).

INFORMATION
Tourist-Information Am Brentanohaus, Hauptstr. 87, 65375 Oestrich-Winkel, Tel. 06723 60 12 806, www.oestrich-winkel.de

5 Kiedrich

Das über 1000 Jahre alte Kiedrich (3900 Einw.) präsentiert sich als „das gotische Weindorf". Der umfriedete Pfarrbezirk ist geradezu eine spätgotische Schatzkiste. Im Dorf sind einige der besten Winzer des Rheingaus ansässig.

SEHENSWERT
Das mehrfarbige Tympanon über dem Portal der Pfarrkiche **St. Valentinus und Dionysius** (15. Jh.) zeigt Szenen aus dem Leben Mariens; im Innenraum beeindrucken u. a. Rankenmalereien und eine spielbare Orgel aus dem 15. Jh. Am ummauerten **Pfarrhof** reihen sich die spätgotische Michaelskapelle (15. Jh.), die Alte Schule (Fachwerk), das Pfarrhaus und das Grab von Sir John Sutton; der britische Baron hatte ab 1857 maßgeblich zur Rettung des Ensembles beigetragen. Stattliche Anwesen, etwa das Renaissance-**Rathaus** von 1585/86, erinnern an einstigen Wohlstand; prachtvollster Bau ist der Hof der Ritter von Groenesteyn im Mainzer Barock (1730; in Privatbesitz). Von **Burg Scharfenstein** (um 1215) oberhalb von Kiedrich blieb nur der runde Bergfried erhalten.

RESTAURANT
Die € € € **Weinschänke Schloss Groenesteyn** steht für eine moderne Gourmetküche in einem hist. Fachwerkhaus (Oberstr. 36, Tel. 06123 15 33, www.groenesteyn.net).

INFORMATION
Fremdenverkehrsamt, Rathaus, Marktstraße 27, 65399 Kiedrich, Tel. 06123 90 50 10, www.kiedrich.de

6 Eltville

Krieg und Zerstörung haben die zeitweilige Residenz der Mainzer Erzbischöfe (20 000 Einw.; Stadtrecht 1332) größtenteils verschont. Die Winzer geben hier ihr Bestes. Bahn und Straße machen einen Bogen um den Ort, dessen Uferfront zum Flanieren einlädt.

SEHENSWERT
Längs der von Platanen gesäumten **Rheinpromenade** reihen sich von Ost nach West die neugotische **Burg Crass** (Hotel-Restaurant), die **Kurfürstliche Burg** mit markantem Wohnturm (14./15. Jh., mit Gutenberg-Gedenkstätte), der **Rosengarten,** das spätbarocke Haus Rose und der Eltzer Hof.
Im Ort selbst folgt ein feudales Anwesen aufs nächste. Der **Stadtturm** im Nordosten der Altstadt war Teil der mittelalterlichen Befestigung. Die spätgotische Pfarrkirche **St. Peter und Paul** (14. Jh.) ist mit Heiligenfiguren, Fresken und Taufstein reich ausgestattet.

UMGEBUNG
Zu den ältesten Gebäuden des 1136 gegründeten ehemaligen **Zisterzienserklosters Eberbach** TOPZIEL (www.kloster-eberbach.de) gehören der Kapitelsaal (vor 1186), die schlichte romanische Basilika (1145–1186), das Laienbrüderhaus und der gotische Kreuzgang (13./14. Jh.). Das Laiendormitorium (um 1200) ist mit 85 m der längste nichtsakrale mittelalterliche Raum nördlich der Alpen. Im alten Kelterhaus des Weinguts befinden sich heute die Vinothek der Hessischen Staatsweingüter und der Klosterladen. In den Hang wurde der neue Keller gebaut, über dem ein gläserner Pavillon mit Terrasse zur Weinprobe einlädt.

Tipp

Übernachten im Kloster

In Rot und Zisterziensergrau sind die modernisierten, behaglichen Zimmer im Wirtschaftsgebäude (16. Jh.) gehalten. Die Karte des Restaurants, der neuen „Klosterküche" im ehemaligen Pfortenhaus, setzt auf Regionalität und Frische.

€ € / € Kloster Eberbach,
65343 Eltville, Tel. 06723 9 17 82 40,
www.kloster-eberbach.de;

INFORMATION
Tourist-Information im Besucherzentrum,
Kurfürstliche Burg,
Burgstr. 1, 65343 Eltville,
Tel. 0612 39 09 80,
www.eltville.de

GRÜN IST DIE ZUKUNFT

Wie man Natur- und Weingenuss am besten verbindet? Indem man Biowein trinkt. Immer mehr Weingüter im Rheingau lassen von Pestiziden und Fungiziden ab. Wer hier probiert und seine Vorräte auffüllt, tut nicht nur sich selbst Gutes, sondern auch dem ökologischen Gleichgewicht.

Mit dabei ist auch Schloss Vollrads (Foto S. 81). Drei Jahre dauert die Umstellung von Hessens größtem Öko-Weingut zum Biobetrieb, was bei einem Weingut mit einer Geschichte, wie Schloss Vollrads sie hat, geradezu lächerlich kurz erscheint.
Auf 800 Jahre Weinbautradition und 27 Grafengenerationen kann das Rieslinggut zurückblicken, das 1997 durch den Freitod von Erwein Graf Matuschka-Greiffenclau und drohender Insolvenz kurz vor dem Niedergang stand. Ende 2020 ging der mit Preisen und Ehrungen überschüttete Weinbaudirektor Roland Hepp in den Ruhestand. Sein Nachfolger Ralf Bengel, Geisenheim-Absolvent, erfahrener Öko-Winzer und langjähriger Chefönologe der Hessischen Staatsweingüter, nutzte den Wechsel, um das Rheingauer Kulturgut bis 2022 zu Hessens größtem Ökoweingut mit dann bis zu 80 Hektar Rebfläche umzubauen.

Peter Jakob Kühn betreibt schon seit 2004 biodynamischen Weinbau.

Von der Umstellung des Prestigebetriebs erwartete sich nicht nur Hessens grüne Landwirtschaftsministerin Priska Hinz eine Signalwirkung – auch der Winzersohn Ingmar Jung, seit 2024 ihr Nachfolger von der CDU, überlegt, die Hessischen Staatsweingüter, allen voran Kloster Eberbach, auf den Ökoweg zu bringen. Fast 500 Hektar Rebflächen werden im Rheingau schon heute umweltfreundlich bewirtschaftet.

Biowinzer im Rheingau

Weingut Corvers-Kauter: www.corvers-kauter.de
Weingut Hamm: https://hamm.weine.de
Weingut Peter Jakob Kühn: www.weingutpjkuehn.de
Weingut Mohr: www.weingut-mohr.de
Schloss Vollrads: www.schlossvollrads.com
(s. Oestrich-Winkel)

GREEK TIME
SPIEGEL

Mainz und Rheinhessen

*

FEUDAL UND FIDEL

*

So viel Lokalpatriotismus darf sein: Bei jedem Tor von Mainz 05 wird der Narrhalla-Marsch gespielt. Das spannt den Bogen zur Fassenacht, wenn Mainz so feiert, „wie es singt und lacht". Mainz kann lustig. Und ist jung: Jeder fünfte Bewohner der Landeshauptstadt, die im großen Weinanbaugebiet Rheinhessen liegt, studiert.

Zum Fachwerk im Schatten des Mainzer Doms gehört das „Weinhaus zum Spiegel" in der Leichhofstraße.

Das alte Mainz bleibt in der Grebenstraße in Gestalt des Erbacher Hofs sichtbar (oben links). Auch der vom Dom überragte Mainzer Marktplatz konnte sein altes Gesicht und den Marktbrunnen, 1526 zur Feier der Niederschlagung der Bauernaufstände gestiftet, bewahren (oben rechts). Im Mittelschiff des Doms blieben die Ausmalungen des 19. Jahrhunderts erhalten (unten rechts). Und auf dem Dach der Hauptkirche des Bistums Mainz wacht der hl. Martin (unten links), dem das damals wieder aufgebaute Gotteshaus am 4. Juli 1239 in Anwesenheit von König Konrad IV. geweiht wurde.

Ein bisschen Fassenacht geht immer: Tanzeinlage auf dem Mainzer Marktplatz anlässlich eines verkaufsoffenen Sonntags.

DIE MAINZER REPUBLIK VON 1793 WAR DAS ERSTE DEMOKRATISCHE STAATSWESEN AUF DEUTSCHEM BODEN.

Wie schwer die Zerstörungen im Zweiten Weltkrieg waren, wird in Ursula Krechels Roman „Landgericht" deutlich: Noch Jahre nach Kriegsende schreitet Landgerichtsdirektor Dr. Kornitzer, der Held des Romans, durch eine Ruinenlandschaft. Fast 80 Prozent von Mainz lagen in Schutt und Asche. Umso mehr freut man sich über verbliebene Altstadtidyllen wie den Kirschgarten. Mit Fachwerkfassaden, Kopfsteinpflaster und Marienbrunnen kommt der sich zu einer Gasse verengende Platz wie ein Dorf im tiefsten Rheinhessen daher. Auch in der benachbarten Augustinerstraße reiht sich im Schatten der spätbarocken Augustinerkirche ein historisch bedeutender Bau an den nächsten.

Es geht auch etwas bescheidener. In der leicht gebogenen Kapuzinerstraße scheinen sich die geduckten, teils spätmittelalterlichen Fassaden gegenseitig zu stützen. Eng wird es in der Fischergasse. Die Fischhändler, die in der parallel zum Rheinufer verlaufenden Gasse einmal ansässig waren, sind längst Vergangenheit. Geblieben sind ihre in die Fassaden eingelassenen Ladennamen.

Über allem strahlt der grandiose Dom, einer der drei rheinischen „Kaiserdome" (neben Speyer und Worms). Vor über tausend Jahren wurde der Grundstein für das romanische, in leuchtend rotem Sandstein errichtete Gebirge gelegt. Stolz ragt der mächtige Vierungsturm empor. Das Gewölbe von St. Martin hat allen Zerstörungen standgehalten. Wie Mainz auch.

FEUDALE ADELSHÖFE

Wer von Kastel über die Theodor-Heuss-Brücke nach Mainz fährt, wird von der feudalen Pracht am linken Rheinufer überwältigt. Nobel empfangen Neues Zeughaus und Deutschhaus. Letzteres hatte sich Napoleon nicht ohne Grund als Domizil ausgeguckt: Hier traf sich der Rheinisch-Deutsche Nationalkonvent der Mainzer Jakobiner-Republik. Heute tagt hier der Landtag, während das Zeughaus die Staatskanzlei beherbergt. Über beiden wachen die Türme von St. Peter.

Etwas im Abseits scheint die buntsandsteinrote Fassade des Kurfürstlichen Schlosses geradezu zu glühen. Mit dem Sitz der Erzbischöfe begann im 17. Jahrhundert der Umbau von Mainz zur barocken Residenz. Adelshof auf Adelshof folgte – noch im selben Jahrhundert der Dienheimer Hof in der Mitternachtsgasse und der Ältere Dalberger Hof am Ballplatz, bis 1718 der Jüngere Dalberger Hof in der Klarastraße, bis 1733 der Stadioner Hof an der Großen Bleiche.

Das Heilig-Geist-Spital an der Mainzer Rheinstraße gehörte zu den ältesten Einrichtungen öffentlicher Mildtätigkeit – heute ist es Bar, Restaurant und Lounge.

Ein Ensemble richtig schöner Fachwerkhäuser am Weinhaus zum Spiegel in der Mainzer Altstadt

Am Schillerplatz repräsentiert der Osteiner Hof. Davor steht der Fastnachtsbrunnen, ein Sammelsurium unzähliger Fastnachtsfiguren und -allegorien.

Das schönste architektonische Ensemble bilden jedoch am Schillerplatz der elegante Bassenheimer Hof und der selbstbewusste Osteiner Hof, um 1750 errichtet. Es ist eine Pracht!

STADT AM STROM

Auch als Rheinhafen reicht die Geschichte von Mainz in die Antike zurück. Als 1981 bei den Aushubarbeiten für das Hilton-Hotel am Rheinufer fünf Schiffswracks des antiken Hafenbeckens gefunden wurden, war die Sensation groß. Nach genauer Analyse konnten die Holzgerippe als Flusskriegsschiffe identifiziert werden, von den Römern in der Phase ihres Niedergangs im 5. Jahrhundert einfach zurückgelassen. Zwei davon wurden detailliert nachgebaut. Sie sind

„AUREA MOGUNTIA", DAS „GOLDENE MAINZ" DES MITTELALTERS, LEBT IN DER FASTNACHT ALS „GOLDISCHES MEENZ" WEITER.

die Publikumsmagneten im Museum für Antike Schifffahrt. Der Clou dort: Durch Fenster kann man den Restauratoren und Modellbauern bei der Arbeit in ihrer Werkstatt zuschauen.

Mit dem Bau von Hilton, Rathaus und Rheingoldhalle kehrte Mainz in den 1970er- und 1980er-Jahren an den Strom zurück. Wie schon hundert Jahre zuvor das gründerzeitliche Viertel um den Fischtorplatz, entstand dieses neue Mainz vor den Stadtmauern. Deren früheren Verlauf markiert die Verkehrsschneise Rheinstraße.

Längs von Adenauer- und Stresemannufer ist zudem eine breite Promenade entstanden, die zum Flanieren, Joggen, Radfahren oder Inlineskaten einlädt. Im Schatten der Platanen lässt sich gut ausruhen, man schaut Lastkähnen, Kreuzfahrtschiffen und Ausflugsdampfern

Vor dem massigen Mainzer Rathaus schwingt sich seit 1979 die Skulptur „Lebenskraft" über den Jockel-Fuchs-Platz.

Die Kunsthalle Mainz im Ende des 19. Jahrhunderts errichteten Kessel- und Maschinenhaus des Mainzer Zollhafens zeigt Wechselausstellungen zeitgenössischer Kunst.

Vor der Neuen Synagoge stehen restaurierte Säulenreste des einstigen Vorhofs der Hauptsynagoge – in Erinnerung an die Pogromnacht 1938.

Hier sind sie noch in richtiger Funktion zu sehen: Setzkästen mit Lettern für den Handsatz im Druckladen des Gutenberg-Museums.

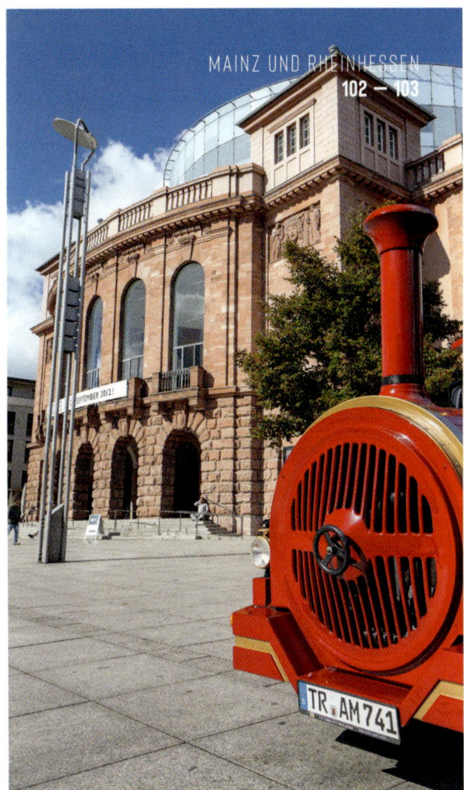

1833 erhielten die Bürger von Mainz ihre Bühne: Staatstheater am Gutenberg-Platz.

Jüdische Erinnerungen

Magenza, das jüdische Mainz

In Mainz lassen sich Spuren jüdischen Lebens bis ins 10. Jahrhundert zurückverfolgen. Natürlich bleiben auch mittelalterliche Pogrome und die Verbrechen in Nazideutschland im Bewusstsein.

Die Mainzer jüdische Gemeinde lebt: Was dokumentiert das deutlicher als die 2010 an der Hindenburgstraße vollendete Neue Synagoge, dort, wo 1938 die alte Hauptsynagoge in der Reichspogromnacht in Flammen aufging. Die Form des skulpturalen, modernen Baus ist die Umsetzung des hebräischen Wortes Quadushah (Heiligung) in Architektur. Gezackte Konturen und die Verkleidung aus grün glänzenden Majolika-Stabkeilen kontrastieren stark mit der gründerzeitlich geprägten Mainzer Neustadt.

Traditioneller wirkt der Neue Jüdische Friedhof an der Unteren Zahlbacher Straße. Zum 1881 eröffneten Gräberfeld gehört eine Friedhofshalle im maurischen Stil. Auf den Gräbern wechseln einfache Obelisken mit wilhelminisch-pompösen Steinen. An die einstige Bedeutung von Magenza, so der jüdische Name von Mainz, erinnern auch die Stolpersteine des Kölner Künstlers Gunter Demnig. Die mit einer Messingplatte versehenen Steine, in die Namen und Lebensdaten von Verfolgten oder Ermordeten eingraviert sind, findet man am Fischtorplatz, in der Kaiserstraße oder der Breidenbacher Straße.

Jeder Stolperstein setzt ein Denkmal.

hinterher. Und fragt sich, wie es mit dem Rathaus und der Rheingoldhalle, beide Vertreter einer brachialen Nachkriegsmoderne, weitergeht. Bei der Rathaussanierung nicht gerettet werden konnte die Weinstube im Keller – alles andere soll nach der 100 Mio Euro teuren Sanierung ab 2027 in neuem Glanz erstrahlen. Bei der Rheingoldhalle sind Umbau und Sanierung beendet – wie viel wird vom Original geblieben sein?

DIE LANDESHAUPTSTADT

Die Bischofsstadt Mainz ist den Umgang mit der Macht seit dem Mittelalter gewohnt. Als Vorbereitung auf die Rolle der Landeshauptstadt dürfen zudem die kurze Zeit als Präfektur des französischen Departements Donnersberg von 1798 bis 1814 und die Rolle als Hauptstadt der Provinz Rheinhessen im 19. Jahrhundert gelten. Als Mainz im Jahr 1950 Landeshauptstadt des Bundeslands Rheinland-Pfalz wurde, war man im Repräsentieren sozusagen geübt. Kaum ein/e Ministerpräsident/in in Deutschland geht seinen oder ihren Amtsgeschäften in so repräsentativen Mauern wie denen des Neuen Zeughauses nach. Auf staatstragenden Pomp wird ansonsten gern verzichtet.

Mainz ist eine Stadt von überschaubarer Größe. Das Ministerienviertel zwi-

Ganz im Zeichen der (rheinhessischen) Reben stehen die Mainzer Weintage. Rund 60 Winzerbetriebe zeigen Ende April/Anfang Mai zwischen Theodor-Heuss-Brücke und Kaisertor, was sie können – für die Verköstigung an kulinarischen Ständen ist bestens gesorgt.

Wer zu Mainz 05 ins Stadion geht, braucht die richtige Ausstattung. Vielleicht ein Mainzelmännchen im FSV-Trikot?

Einst sprudelnde Geldquelle: die Zollburg Ehrenfels und der Binger Mäuseturm, Ende des 19. Jahrhunderts gotisierend wiedererrichtet

schen Kaiserstraße, Rheinufer, Großer Bleiche und der Bauhofstraße ist in der Regel relativ schnell abgeschritten. Die funktionale Architektur der meisten Ministerien versprüht spröden Behördencharme. Mit einer Ausnahme: Etwas ab vom Schuss residiert der Innenminister im barocken Bassenheimer Hof.

WEINSELIGES MAINZ

Von den Kupferbergterrassen schweift der Blick über die Türme und Dächer der Altstadt. 1850 gründete Christian Adalbert Kupferberg, damals 26 Jahre alt, auf der Kästrich-Anhöhe über Mainz eine „Fabrication moussierender Weine". Ein mittelalterlicher Keller zur Lagerung des Schaumweins, der bald als „Kupferberg Gold" in London Furore machen sollte, war damals schon vorhanden. Bismarck kam 1870, probierte und blieb gleich ein paar Tage. Bis 1888 entstand ein siebenstöckiges Kellerlabyrinth. Im Jahr 1900 nahm die Boomkellerei der Gründerzeit an der Pariser Weltausstellung teil: Der fulminante „Traubensaal"-Weinpavillon ist nun in Mainz bei einer Kellerführung in seiner ganzer Jugendstilpracht zu bewundern. Ein paar Stockwerke höher weht dagegen ein frischer Designwind. Das zugleich coole und gemütliche Eulchens Wirtshaus in einem der historischen Gewölbe der Sektkellerei katapultiert die traditionsreichen Kupferbergterrassen souverän ins 21. Jahrhundert. Kein Wunder also, dass Weinstuben zu Mainz gehören wie Rhein und Fastnacht. Bei Schoppe (0,5 Liter Wein) und Handkäs mit Musik (in Essig, Öl und Zwiebeln eingelegter Käse) geht dem Meenzer das Herz auf. Beides gibt es auch in Geberts Weinstuben in der Frauenlobstraße 94. „Mainzer Gastlichkeit" lautet hier das Leitmotiv. Dazu gehört auch eine gediegene Eleganz: Man sitzt kommod auf bordeauxroten Fauteuils. Einige fränkische Tropfen erinnern an die Wurzeln der Familie, ansonsten überwiegen rheinland-pfälzische Reben mit Schwerpunkt auf Rheinhessen.

Das Deutsche Weininstitut liegt am Stadtrand in Bodenheim. Als ob es noch eines weiteren Beweises bedurft hätte, dass Mainz eine Weinstadt ist!

Wein

RHEINHESSENS TROPFEN BOOMEN!

Rheinhessen ist Deutschlands flächenmäßig größtes Weinanbaugebiet. Einst eher bekannt für Masse, überzeugt das Rebenmeer zwischen Mainz und Worms zusehends mit Klasse. Beim Mainzer Weinmarkt zeigen die Winzer Rheinhessens ihr Können.

Etwa ein Fünftel der zu Rheinland-Pfalz gehörenden Region Rheinhessen ist Weinbauland, das über 6000 Winzerfamilien ihr Einkommen beschert. Mehr als 2,5 Mio. Hektoliter Wein kommen da alljährlich zusammen in einem der traditionsreichsten Anbaugebiete Deutschlands, das mit Stolz auf die älteste urkundlich belegte Weinlage Deutschlands verweisen kann: den Niersteiner Glöck aus dem Jahr 742.

Einst kamen aus Rheinhessen Spitzenweine mit teils legendärem Ruf. Dieser wurde allerdings in der zweiten Hälfte des 20. Jahrhunderts nachhaltig aufs Spiel gesetzt, als die Qualität oft der Quantität geopfert wurde. Die „Liebfrauenmilch" aus der Wormser Gegend ist ein unrühmliches Beispiel. Doch das ist Vergangenheit.

ERGEBNIS DES UMDENKENS

Viele der rheinhessischen Weingüter sind erst in den 1960er- und 1970er-Jahren entstanden, als in den Hügeln zwischen Nahe und Rhein massiv neue Rebflächen geschaffen wurden. Umso erstaunlicher ist die Qualität von Müller-Thurgau-, Silvaner- und Rieslingweinen, auf die knapp die Hälfte aller produzierten Trauben entfällt. Dass Rheinhessen unter Kennern wieder als überaus interessante Boomregion gilt, liegt an einer jungen Winzergeneration, die vermeintliche Traditionen beherzt über Bord wirft. Für Deutschland neuere Rebsorten wie Chardonnay und Sauvignon Blanc zeitigen trockene, ausdrucksstarke Weißweine. Winzer wie Hans Oliver Spanier genießen regelrechten Kultstatus.

Der Ökowinzer aus Hohen-Sülzen – branchenintern nur HO genannt – überzeugt mit trockenen Rieslingen, die Ausdruck verschiedenster Terroirs sind. Mit seiner Frau Carolin Spanier-Gillot ist er Gründungsmitglied der rheinhessischen Winzervereinigung „Message in a bottle" alias „Rheinhessens junge Winzer". 2017 wurde daraus die Nachfolgeorganisation „Maxime Herkunft Rheinhessen" mit heute 102 Betrieben. Dazu gehört auch das Weingut Keller in Flörsheim-Dalsheim.

Die Gruppe hat sich zwei Dinge auf die Fahne geschrieben: Spitzenqualität im Glas und Spaß am Wein. Und den haben nicht nur männliche Mitglieder: Die über 20 jungen Winzerinnen und Winzer setzen konsequent auf Qualität und kennen die richtige Balance zwischen effizientem Arbeiten und Spaß am Leben. Sie scheinen cool zu sein bis in die Haarspitzen und haben doch viel Gefühl für das Stück Erde behalten, auf dem sie arbeiten. Für Carolin Spanier-Gillot, die den etwas angestaubten Begriff Terroir nicht gern in den Mund nimmt, liegt der Erfolg im Boden: „Rheinhessen hat einen Riesensprung

Weinpflege und Weinlese sind immer noch weitgehend Handarbeit – auch bei der Blauen Portugieser-Traube in den Siefersheimer Weinbergen (Abbildungen oben), wo das Weingut von Daniel Wagner zu finden ist (linke Seite).

»RHEINHESSEN [...] HAT DAS GRÖSSTE PORTFOLIO AN GUTEN LAGEN. WAS DIE HERGEBEN, IST UNGLAUBLICH.«

Winzerin Carolin Spanier-Gillot

Ob Rheintal, Rheingau oder Rheinhessen: Die unterschiedlichen Weine der Region lassen sich gleich wunderbar vor Ort genießen.

nach vorne gemacht. Es hat das größte Portfolio an guten Lagen. Was die hergeben, ist unglaublich."

ROTWEINE SIND IM KOMMEN

Nach dem Erfolg der Weißweine ziehen nun die Roten nach, ein echtes Novum. Abgesehen von Ingelheim, wo Rotwein seit jeher Tradition hat, beschreiten Winzer wie der Siefersheimer Daniel Wagner mit der Saint-Laurent-Traube önologisches Neuland. Wagners Ruf als Shootingstar ist längst gefestigt, seine Rieslinge aus der Lage Heerkatz und der frische Sauvignon Blanc sind auf dem Markt etabliert. Dass jedoch auch der trockene rote Saint Laurent im Kastanienhof des Weinguts bei den Hausgästen gut ankommt, weist den Weg in die Zukunft.

Einen Weg, den der Monzernheimer Winzerkollege Andreas Geil längst mit Bravour zurückgelegt hat. Leicht rauchig und voll ist der Spätburgunder des Jungwinzers und trotz Ausbaus im Eichenfass ohne zu dominante Holznote. Einen beachtlichen Frühburgunder präsentiert hingegen Stefan Huff aus Schwabsburg: Die wohlmundenden Aromen schwarzer Beeren verleihen dem körpervollen Wein seine elegante Note.

Informationen rund um den Wein

Mainzer Weinmarkt mit Weinständen, Künstlermarkt, Musik, Oldtimerrundfahrt (www.mainzer-weinmarkt.de), Ende Aug./ Anf. Sept. im Stadtpark

Rheinhessenwein e.V., Otto-Lilienthal-Straße 4, 55232 Alzey, Tel. 06731 89 32 80, www.rheinhessen.de

Winzer: Weingut Carolin Spanier-Gillot & H. O. Spanier, Ölmühlstraße 25, 55294 Bodenheim, Tel. 06135 23 33, www.kuehlingandbattenfeld.com; Weingut Keller, Bahnhofsstr. 1, 67592 Flörsheim-Dalsheim, Tel. 06243 4 56, www.keller-wein.de; Weingut Wagner-Stempel, Wöllsteiner Straße 10, 55599 Siefersheim, Tel. 06703 96 03 30, www.wagner-stempel.de; Weingut Helmut Geil, Am Römer 26, 55234 Monzernheim, Tel. 06244 2 20, www.geilwein.de; Weingut Georg Gustav Huff, Woogstraße 1, 55283 Schwabsburg, Tel. 06133 5 05 14, www.weingut-huff.com; siehe auch „Unsere Favoriten", S. 20/21

Kupferberg-Museum, Kupferbergterrasse 17, Mainz, www.kupferberg-mainz.de/sektkellerei; Führung nach Anmeldung über die Web-Seite.

Der Jugendstil-Traubensaal war einst auf der Weltausstellung in Paris 1900 eingerichtet worden. Im Kupferberg-Museum in Mainz wurde er originalgetreu wiederaufgebaut.

Mainz
Mainz Hbf.
Gbf.
Mainz-Kastel
Mainz-Röm.Theater
Rhein
Kaiserstr.
Rheinstraße
Binger Str.
Saarstraße
Augustusstraße
Mombacher Straße
Wallstraße
Peter-Altmeier-Allee
Theodor-Heuss-Brücke
Brückentor
Rotes Tor
Fischtor
Holztor
Zitadelle
Dom
Markt
Kurfürstl. Schloss
Hauptfriedhof
Jüd.Friedhof
Zeltplatz
Bootswerft
Winterhafen
Stadtpark
Universitätsmedizin
Maßstab 1:16
Maßstab 1:200.000
ELTVILLE am Rhein
OESTRICH-WINKEL
GEISENHEIM
RÜDESHEIM am Rhein
BINGEN am Rhein
INGELHEIM am Rhein
GAU-ALGESHEIM
MAINZ
HOCHHEIM am Main
Bischofsheim
Gustavsburg
Ginsheim
Budenheim
Heidesheim
Wackernheim
Ober-Olm
Klein-Winternheim
Bodenheim
Essenheim
Nieder-Olm
Stadecken-Elsheim
Schwabenheim an der Selz
Ockenheim
Sprendlingen
Gau-Bickelheim
Wörrstadt
Saulheim
Zornheim
Mommenheim
Nierstein
Oppenheim
BAD KREUZNACH
Wöllstein
Armsheim
Rheinhessisches Hügelland

ZENTRUM MIT MENSCHLICHEM MASS

Die rheinland-pfälzische Landeshauptstadt Mainz ist Medienstandort, Karnevalshochburg und wichtiger Wirtschaftsstandort. Den Kern der Stadt kann man gut zu Fuß erkunden. In der Umgebung haben international bekannte Unternehmen ihren Sitz. In Rheinhessen reichen die rebengespickten Hügel bis an den Horizont.

Allgemein

In der römischen Antike trug Mainz den Namen Mogontiacum und erhielt um 300 das größte Bühnentheater nördlich der Alpen. Die Stadt war jüdische Metropole im Mittelalter, auch barocke kurfürstliche Residenz (1462–1792). Seit 1950 Landeshauptstadt von Rheinland-Pfalz, ist Mainz (223 500 Einw.) politisches Zentrum, zudem Bischofssitz (Erzbistum seit ca. 780) und Universitätsstadt (ab 1477).

INFORMATION
Tourist Info, Markt 17, 55116 Mainz, Tel. 06131 24 28 88, www.mainz-tourismus.com
Rheinhessen Touristik, Otto-Lilien-Straße 4, 55232 Alzey, Tel. 06731 89 98 900, www.rheinhessen.de

Sehenswert

UM DEN DOM
Drei Plätze – Höfchen, Markt und Liebfrauenplatz – setzen den 1 **Dom St. Martin** (Grundsteinlegung 975) in Szene. Älteste Bauteile sind die romanische Gotthardkapelle und das bronzene Marktportal (um 1200). Der mehrmals wiederaufgebaute Dom hütet die Grabmäler der Mainzer Erzbischöfe. Der spätgotische Kreuzgang ist Teil des **Bischöflichen Dom- und Diözesanmuseums,** in dem Objekte aus 2000 Jahren Mainzer Kirchengeschichte gezeigt werden (Domstraße 3, www.dommuseum-mainz.de; Di.–Fr. 10.00–17.00, Sa., So. 11.00–18.00 Uhr). Zum tausendjährigen Jubiläum wurde auf dem benachbarten **Markt** die Heunensäule (11. Jh.) aufgestellt. Blickfang des Platzes ist der Marktbrunnen (1526, Renaissance). Die Nordseite des Platzes beherrscht das Renaissancepalais Zum Römischen Kaiser (um 1655; heute Gutenberg-Museum). Das ehem. 11 **Jesuitenkolleg,** Alte Universität (1618) genannt, gehört zur Mainzer Universität. Fast gegenüber erhebt sich Mainz' älteste Pfarrkirche **St. Quintin** (ab 1288). In der gotischen Hallenkirche 6 **St. Stephan** (um 1250, vollendet um 1500) wurden bis 1985 neun farbkräftige Glasfenster von Marc Chagall eingesetzt; der Kreuzgang (1499) ist ein Meisterwerk der Spätgotik (März–Okt. Mo.–Sa. 10.00–18.00, So. 12.00–18.00, Nov. bis-Feb. Mo.–Sa. 10.00–16.30, So. 12.00–16.30 Uhr). Der 9 **Schillerplatz** vermittelt mit Osteiner Hof (18. Jh.; urspr. Palais des Kurfürsten Johann Friedrich Karl von Ostein) und Bassenheimer Hof (um 1750; urspr. Witwenpalais für die Schwester des Kurfürsten) ein Bild vom barocken Glanz der Residenzstadt. Vor den Adelshöfen steht der bronzene Fastnachtsbrunnen (1967) mit 200 Symbolfiguren des närrischen Treibens.

NEUSTADT
14 **Neue Synagoge,** Ecke Hindenburgstraße/Josefsstraße: Als Erinnerung an die Pogromnacht 1938 hat der Kölner Architekt Manuel Herz die dorischen Säulenreste der einstigen Synagoge vor den skulpturalen, modernen Bau gesetzt (Führungen durch Jüdische Gemeinde, Synagogenplatz, www.jgmainz.de/besucher/besucher/neuesynagoge.php). An der Unteren Zahlbacher Straße liegt der 7 **Neue Jüdische Friedhof** (Mo.–Do., So. 8.00–19.00).

Tipp

Im ZDF zu Gast

Wer immer schon einmal die Perspektive wechseln wollte, der ist auf dem Lerchenberg genau richtig. Denn hier geht es für den Besucher raus aus dem Fernsehsessel und rein in Sendungen wie das „Aktuelle Sportstudio". Oder man reist zu Dreharbeiten von „Bares für Rares" ins Studio in Königswinter.

Anfahrt Mainz: A60 Bingen-Mainz-Rüsselsheim, Ausfahrt Lerchenberg. Bus und Bahn: www.mainzer-mobilitaet.de, www.zdf-service.de/fuehrungen-mainz/

Leuchtend rot zeigt sich das Mainzer Schloss, wunderschön bunt die Fastnacht und prunkvoll das Prachtfass im Kupferberg-Museum.

Ein Spaziergang durch Ingelheim führt zu den Relikten der Kaiserpfalz und zu den Resten der Römerzeit.

AM RHEIN
Eine Promenade mit Platanenallee verläuft längs der Mainzer Rhein-Schauseite. Im Norden begrenzt der Rheinflügel des aus rotem Sandstein errichteten 16 **Kurfürstlichen Schlosses** (ab 1627) das Rheinpanorama. Das spätbarocke, von Eingangspavillons flankierte **Deutschhaus** (1730–1734) ist Sitz des Landtags, das benachbarte **Neue Zeughaus** (bis 1740) Sitz der Staatskanzlei. An der Stadtmauer zum Strom steht die gotische 17 **Karmeliterkirche** (14. Jh.). Raumeinnehmender als die genannten Bauten zusammen ist die funktionalistische 17 **Rheingoldhalle** (bis 1968, www.mainz-congress.com), die aber vom 18 **Rathaus** (bis 1973) des dänischen Architekten Arne Jacobsen noch übertrumpft wird – Brachialstil pur (zzt. wird saniert). Hinter dem Rathaus erhebt sich der **Brückenturm** (1240). Der 2 **Fischtorplatz** ist ein sich zum Rhein hin öffnendes gründerzeitliches Ensemble mit herrschaftlicher Attitüde. Aus der zweiten Reihe ragt der **Holzturm** (um 1400), einst Teil der Stadtbefestigung, sichtbar empor. Das in ein Luxushotel integrierte 3 **Fort Malakoff** (1843), urspr. Teil der preußischen Befestigung, markiert das südl. Ende des Rheinpanoramas.

RÖMISCHES MAINZ
Römisches Theater nennt sich ein Bahnhof im Süden der Stadt, in dessen Nähe das größte römische 4 **Bühnentheater** (Anf. 1. Jh.) nördl. der Alpen ausgegraben wurde. In der Südbastion der nahen barocken **Zitadelle** aus dem 17. Jh. ist der 5 **Eichelstein** (1. Jh.) bewahrt. Vielleicht ist es der Sockel eines einst 25 m hohen Denkmals für den röm. Feldherrn und Stadtgründer Drusus. Monumentaler sind die 7 **Römersteine** im Westen der Stadt, urspr. Pfeiler eines Aquädukts. Eine Kopie des 16 **Dativius- Victor-Bogens** (Original im Landesmuseum) steht neben dem Kurfürstlichen Schloss; der Triumphbogen wurde im 3. Jh. zu Ehren des Kaiserhauses errichtet. Auch die **Jupitersäule** vor dem Deutschhaus ist ein Abguss eines Originals aus dem 3. Jh. Eine Sensation war 2000 der Fund des 12 **Isis-und-Mater-Magna-Heiligtums** (3. Jh.; Römerpassage 1; Mo.–Sa. 11.00–18.00 Uhr), das die Verehrung der Römer für die altägyptische Gottheit und die orientalische Muttergöttin belegt (https://roemisches-mainz.de/).

Museen

Wie Johannes Gutenberg vor über 570 Jahren in seiner Heimatstadt den Druck mit gegossenen Lettern und die Druckerpresse erfunden hat, wird im 1 **Gutenberg-Museum** **TOPZIEL** demonstriert. Während am alten Sitz des Museums (Liebfrauenplatz 5) derzeit ein Museumsneubau entsteht, sind Teile der Sammlung seit Ende November 2024 im Naturkundemuseum zu besichtigen (Reichklarastr. 1, www.museum.de/museen/gutenberg-museum-mainz; Di.–Sa. 9.00–17.00, So. 11.00–17.00 Uhr). Das 13 **Landesmuseum** spannt den Bogen von keltischen Glasfiguren des 2. Jh. über eine mittelalterliche fürstliche Grabstätte, die Inszenierung des Mainzer Barock sowie Jugendstilgläser bis zur Gegenwart (Große Bleiche 49–51, www.landesmuseum-mainz.de; Di. bis So. 10.00–17.00, Di bis 20.00 Uhr). Im Kurfürstlichen Schloss präsentierte das **Römisch-Germanische Zentralmuseum** bis 2024 antike und frühmittelalterliche Funde aus Europa und dem Vorderen Orient; 2017 wurde mit einem Neubau begonnen – die Neueröffnung unter dem Namen **Leibniz-Zentrum für Archäologie (LEIZA)** 19 findet voraussichtlich 2026 statt (Ludwig-Lindenschmit-Forum 1, www.leiza.de). Im 4 **Museum für Antike Schifffahrt** sind Nachbauten spätantiker Militärschiffe zu bewundern, deren Originale bei Bauarbeiten am Rheinufer ans Tageslicht kamen (Neutorstr. 2b, wegen Umbau voraussichtl. bis 2026 geschl., www.leiza.de). Lokalgeschichte wird im 5 **Stadthistorischen Museum** anschaulich (Zitadelle, Bau D, www.stadtmuseum-mainz.de; Fr. 14.00–17.00, Sa., So. 11.00–17.00 Uhr); die jüdische Geschichte von Mainz und das Wirtschafts- und Arbeitsleben im 19. und 20. Jh. bilden die beiden Dauerschauen. Das Proviantmagazin (bis 1867) in der Festung beherbergt das 5 **Fastnachtsmuseum** (Neue Universitätsstraße 2, www.mainzer-fastnachtsmuseum.de; Di.–So. 11.00 bis 17.00 Uhr). Der Traubensaal der Pariser Weltausstellung 1900 ist Besuchermagnet des 8 **Kupferberg-Museums** (Kupferbergterrasse 17, www.kupferberg-mainz.de; Führung nach Anmeldg.). Die 15 **Kunsthalle Mainz** ist ein Ausstellungszentrum für zeitgenössische Kunst. Der Bau verbindet gründerzeitliche Architektur mit einem hypermodernen Trakt (Am Zollhafen 3–5, www.kunsthalle-mainz.de; Mi. bis So. 10.00–17.00 Uhr).

Musik und Theater

Das 10 **Staatstheater** (Gutenbergplatz 7, Tel. 06131 285 12 22, www.staatstheater-mainz.com) vereint Großes Haus (Oper, Konzerte, Ballett), Kleines Haus (Schauspiel) und die Studiobühne U 17 für junges, experimentelles Theater. Die 3 **Mainzer Kammerspiele** (Fort Malakoff Park/Rheinstraße 4, www.mainzer-kammerspiele.de) zeigen Sprechtheater, Revuen, Ballett und Kinder-Musicals. Das 9 **unterhaus** (Münsterstraße 7, www.karten.unterhaus-mainz.de) ist eine der bedeutenden Kleinkunstbühnen Deutschlands.

Veranstaltungen

Zur **Fastnacht** (Feb., März) gehört der Rosenmontagszug. Kleinkunst gibt es beim **Open Ohr Festival** im Mai (www.openohr.de). Zur **Mainzer Johannisnacht** dreht sich das Riesenrad. Mainzer **Weinmarkt** im Aug./Sept.; Weihnachtsmärkte im Nov./Dez.

Hotel / Restaurant

€ € € / € € Hyatt Regency, ein modernes Hotel mit Panoramablick auf den Rhein (Templerstr. 6, www.hyatt.com).
€ € Eulchens Wirtshaus verbindet Weinstubenheimeligkeit mit alten Gewölben und modernem Design (Kupferbergterrasse 15, www.kupferberg-mainz.de/restaurant)
In **€ € / € € € Geberts Weinstuben** wird in der 5. Generation traditionell gut gekocht (Frauenlobstr. 94, geberts-weinstuben.de).

Umgebung

20 **Ingelheim** (26 000 Einw.) ist die Stadt des Rotweins und die eines der größten Anbaugebiete für Sauerkirschen in Europa. Bedeutender kulturhistorischer Schatz sind die Reste einer Kaiserpfalz Karls des Großen aus dem späten 8. Jh. in Nieder-Ingelheim; ein Modell im Besucherzentrum und Museum bei der Kaiserpfalz veranschaulicht die einstigen Ausmaße (April–Okt. Di.–Do. 10.00–17.00, Fr.–So. 10.00

WIE JOHANNES GUTENBERG VOR ÜBER 570 JAHREN IN MAINZ DEN BUCHDRUCK ERFAND, WIRD IM GUTENBERG-MUSEUM DEMONSTRIERT.

Auf Hexentour

Gluckenschwer duckt sich Siefersheim in eine Talsenke. Wahrzeichen des Dorfs ist der Ajaxturm. Ein Winzersohn hat den Weinbergsturm vor ca. 100 Jahren errichten lassen. Liebeskummer sei der Grund gewesen, so die Legende. Der Turm liegt an der 8 km langen Bänkelches-Route, die ihren Namen den 15 Bänken am Wegesrand verdankt. Dies und was sonst noch zu sehen ist, erklären die „Siefersheimer Kräuterhexen" auf ihren Führungen.

22 Siefersheim, Wonsheimer Straße 13, www.kraeuter-hexen.de

bis 18.00, Nov.–März Di.–So. 10.00–16.00 Uhr). Erhalten ist u. a. die Aula Palatina mit mächtiger Apsis (www.kaiserpfalz-ingelheim.de; tgl.). Bei 21 **Bingen** (26 000 Einw.) fließt die Nahe in den Rhein. Die Drususbrücke (11. Jh.) über die Nahe gilt als älteste mittelalterliche Brücke Deutschlands. Wahrzeichen von Bingen ist der Mäuseturm (14. Jh.) auf einer Rheininsel, urspr. Zoll- und später Signalturm – bei Bingen verengt sich das Rheintal dramatisch und die Felsen und Inselchen erschweren das Navigieren. Zum „Land der Hildegard" (www.bingen.de/hildegard/spurensuche-hildegard) haben sich die Orte vereint, an denen die hl. Hildegard (1098–1179) gewirkt hat. Alle Stätten verbindet der Hildegard-Pilgerweg (www.regio.outdooractive.com/oar-hildegardweg-naheland/de/). Mehr über ihr Leben erfährt man im Museum am Strom (Museumstraße 3, Bingen). Daneben zeigt der Hildegarten (beide Di.–So.) Heilpflanzen. Die Rochuskapelle über dem Ort (1666) hütet Hildegardreliquien. Das dortige Hildegardforum der Kreuzschwestern (www.hildegard-forum.de) lädt zur Meditation ein.

INFORMATION

Tourist-Information, Binger Straße 16, 55218 Ingelheim am Rhein, Tel. 06132 7 10 00 92 00, www.ingelheim-erleben.de
Tourist-Information, Rheinkai 21, 55411 Bingen am Rhein, Tel. 06721 18 42 05, www.bingen.de

MAINZ IM LAUFSCHUH

Joggend von Sehenswürdigkeit zu Sehenswürdigkeit: Sightjogging heißt diese etwas andere Stadterkundung. Als Parcours dient die Strecke des traditionellen Drei-Brücken-Laufs, bei der es, wie es der Name unzweideutig verrät, mehrmals über die Rheinbrücken geht. En courant werden dabei die wichtigsten Sehenswürdigkeiten besichtigt.

Das Tempo gibt man selbst vor, darin unterscheidet sich das Sightjogging nicht von jeder anderen Form des Joggens. Auch persönliche Interessen können beim Laufen eine Rolle spielen, etwa ob es mehr um die Geschichte der Hafenstadt Mainz gehen soll – dann läuft man eher am Rhein lang – oder um die römische Stadt – dann führt die Tour auch in Außenbezirke.

Anspruchsvoll ist die Drei-Brücken-Tour, bei der vier Rhein- und Mainbrücken, Rheinufer, Maaraue und das rechtsrheinische Mainz-Kastel erlaufen werden, in jedem Fall. 8,5 Kilometer sind schließlich kein Pappenstiel. Dafür müssen nur ganze 10 Höhenmeter bewältigt werden.

Im Laufschritt durch Mainz: So lernt man gleich Stadt und Attraktionen kennen.

Alljährlich wird im Rahmen der Mainzer Johannisnacht Ende Juni der Drei-Brücken-Lauf veranstaltet. Die traditionelle Strecke führt dabei vom Start am Rathaus über die Theodor-Heuss-Brücke, die Maaraue und die Kostheimer Brücke zurück über die Eisenbahnbrücke bis zum Fischtor. Und für die Fitness tut man auch gleich etwas.

Informationen:

Standardroute: www.alltrails.com/de/ar/route/germany/rhineland-palatinate/mainzer-bruckentour

Dauer: 1–2 Std.

Anmeldung www.mainz.de/freizeit-und-sport/dreibrueckenlauf.php; Nachmeldungen (9 €) sind am Lauftag von 7.45 bis 8.45 Uhr im Startbereich (Einfahrt Rathaustiefgarage) möglich.

Die schönsten Wanderetappen

WANDERER, KOMMST DU ZUM RHEIN …

Der Strom ist das Ziel. Wer am Rhein wandert, möchte das Wasser, die Schiffe darauf, das Ufer im Blick haben. Das war schon in der Romantik so. Nun bringt der Rheinsteig eine junge, hippe Wanderklientel ins Tal. Der Strom ist weiterhin das Ziel. Doch der eine oder andere Schlenker in abgeschiedene Seitentäler ist erwünscht.

1 Aus der Bundeshauptstadt hinaus

Der erste Abschnitt führt über Asphalt und Pflaster: Denn der Rheinsteig, dessen Symbol wir folgen, beginnt auf dem Marktplatz der ehemaligen Bundeshauptstadt Bonn. Es geht anschließend über die Kennedy-Brücke aufs rechte Ufer des Stroms. Wir folgen dem Weg durch den Niederwald an die Hänge des Siebengebirges. Mit der Ruine des Klosters Heisterbach (Abb.) wird eine Ikone der Rheinromantik besichtigt, beim Gästehaus des Bundes auf dem Petersberg der alten Bundesrepublik gedacht. Ihren Abschluss findet die Wanderung in Königswinter, „nicht davor und nicht dahinter". So textet ein Karnevalslied. Man stimmt gut gelaunt mit ein.

Bonn – Königswinter
Start- und Endpunkt: Bahnhöfe in Bonn und Königswinter
Länge: 21 km
Dauer: 5,5 Std.
Ausschilderung: R – das Symbol des Rheinsteigs
Schwierigkeit: mittel, viele Einkehrmöglichkeiten

2 Zwei Flüsse, ein Weg

Die Wanderung von der Lahn an den Rhein kennt nur ein Ziel: die Marksburg, eine typische Höhenburg des Rheintals und eines der prägnantesten Wahrzeichen am Mittelrhein. Es geht verbummelt in Niederlahnstein los, über die Lahn östlich nach Friedland weiter und über Streuobstwiesen. Vorbei an ehemaligen Erzgruben und durch Weinberge führt der Weg an den Rhein nach Braubach. Ein letzter Kraftakt beim steilen Aufstieg zur Marksburg ist nun fällig. Lohnt sich aber, allein schon wegen der grandiosen Aussicht!

Niederlahnstein – Braubach
Start- und Endpunkt: Bahnhöfe in Niederlahnstein und Braubach
Länge: 10 km
Dauer: 4 Std.
Ausschilderung: R – das Symbol des Rheinsteigs
Schwierigkeit: mittel, mit steilen Anstiegen, die Schwindelfreiheit erfordern

3 Märchen aus uralten Zeiten

Oberhalb von St. Goarshausen erlaubt der „Dreiburgenblick" die Aussicht auf die Feste Rheinfels, Burg Katz und Burg Maus zugleich. Doch wer sich für diesen Abschnitt des Rheinsteigs entscheidet, will vor allem eines: zur Loreley. Der berühmte Fels kragt nach ungefähr einem Drittel der Strecke dramatisch zum Strom aus.

St. Goarshausen – Kaub
Start- und Endpunkt: Bahnhöfe in St. Goarshausen und Kaub
Länge: 21,5 km
Dauer: 7 Std.
Ausschilderung: R – das Symbol des Rheinsteigs
Schwierigkeit: mittel, mit sanften Steigungen, vielen Einkehrmöglichkeiten, wenig Schatten

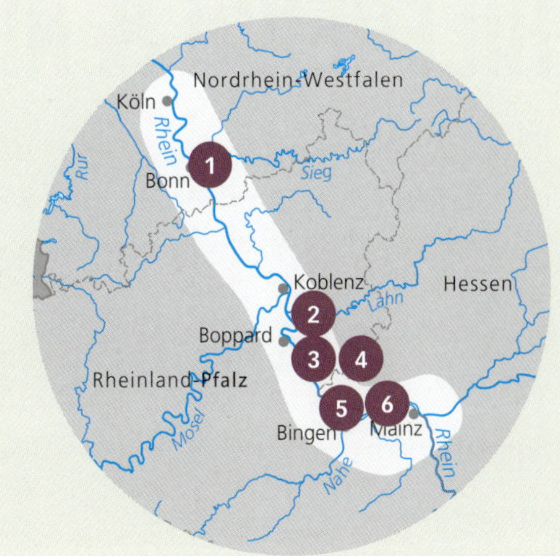

4 Powerdörfer

Oberwesel und Bacharach auf dem linken Ufer des Stroms zählen zu den Höhepunkten jeder Rheintour. Beide Orte können mit ihrer zauberhaften Lage und bedeutenden Baudenkmälern punkten. Unterwegs kommen die Ruine der Schönburg, der Blick auf den vor Kaub im Strom thronenden Pfalzgrafenstein und die Burg Stahleck hinzu. Für Einkehrmöglichkeiten ist im Hunsrückdorf Langscheid-Henschhausen gesorgt.

Oberwesel – Bacharach
Start- und Endpunkt: Bahnhöfe in Oberwesel und Bacharach
Länge: 13 km,
Dauer: 4,5 Std.
Ausschilderung: RheinBurgenWeg (RBW), dessen 11. Etappe der Weg entspricht. Schwierigkeit: mittel, vier starke Anstiege, wenig Schatten

5 Immer dem Römerglas nach

Der spektakulärste Abschnitt des Rheingauer Rieslingpfads beginnt ausgerechnet in Assmannshausen – das für seine (roten) Spätburgunderweine bekannt ist. Obendrein sind die Bergflanken unterwegs teils so steil, dass sie für eine Rebbepflanzung nicht infrage kommen. Einerlei, die Ausblicke vom Assmannshausener Höllenberg zur Burg Rheinstein sind grandios, der Weg später durch den Wald ist lauschig, Lorch seit der Restaurierung des prachtvollen Renaissance-Hilchenhauses wieder ein Juwel. Und mit dem „Hotel im Schulhaus" gibt es hier eine komfortable Unterkunftsmöglichkeit, um die müden Knochen auszuruhen.

Assmannshausen – Lorch (Rieslingpfad)
Start- und Endpunkt: Bahnhöfe in Assmannshausen und Lorch
Länge: 13 km
Dauer: 4 Std.
Ausschilderung: Römerweinpokal des Rheingauer Rieslingpfads
Schwierigkeit: einfach, viel Schatten
Übernachtung: www.hotel-im-schulhaus.com

6 Der Name der Rose

Wir wissen zwar nicht, ob Sean Connery als Wanderer eine gute Figur gemacht hätte, als Mönch William of Baskerville in der Verfilmung von Umberto Ecos Roman „Der Name der Rose" aber hat er überzeugt. Kloster Eberbach, wo der Film in Teilen gedreht wurde, ist nur ein Höhepunkt der Rheingauwanderung. Das Brentano-Haus, Schloss Vollrads oder das hübsche Weindorf Kiedrich sind weitere. Anders gesagt, man sollte viel Zeit für Besichtigungen oder Einkehr einplanen.

Oestrich-Winkel – Eltville
Start- und Endpunkt: Bahnhof Mittelheim in Oestrich-Winkel und Bahnhof in Eltville
Länge: 20 km
Dauer: 6 Std.
Ausschilderung: R – das Symbol des Rheinsteigs
Schwierigkeit: anspruchsvoll, viele Anstiege und felsige Passagen, die Schwindelfreiheit erfordern, eine lange Strecke

HILFREICH & NÜTZLICH

Keine Reise ohne Planung. Auf den folgenden Seiten haben wir für Sie Wissenswertes und wichtige Informationen für Ihren Urlaub am Rhein zusammengefasst.

Eintauchen in die Welt des Weins – das bietet sich an im Kloster Eberbach.

Anreise

Mit dem Auto: Linksrheinisch verbindet die A 61 über die Anschlussstücke A 565 und A 1 die Städte Köln und Bonn mit dem rheinhessischen Bingen. Von Bingen bis Mainz führt die A 60 weiter. Rechtsrheinisch nähert sich die A 3 nur in ihrem nordwestlichen Abschnitt (Köln – Neuwied) dem Rheintal wirklich. Die links- und rechtsrheinischen Autobahntrassen verbindet auf der Höhe von Koblenz die A 48. Direkt ans Ufer legen sich beidseitig Bundes- und Schnellstraßen (B 9 und B 42); beide sind zur Hauptsaison staugefährdet.
Rheinbrücken gibt es in Köln, Bonn, Linz, Neuwied, Koblenz und Mainz. Ansonsten verbinden Autofähren zwischen Bingen und Rüdesheim, Oestrich-Winkel und Ingelheim, Lorch und Niederheimbach, bei Kaub, St. Goar und St. Goarshausen, Bad Hönningen und Bad Breisig, Bad Honnef und Rolandseck, Königswinter und Bonn-Mehlem, Bad Godesberg und Niederdollendorf die Rheinufer. Hinzu kommen etliche Personenfähren (www.fähren-rhein.de).
Mit der Bahn: Für schnelles Vorankommen eignet sich der ICE Köln – Frankfurt, der die 180 km lange Strecke via Flughafen Frankfurt in gut einer Stunde absolviert. Für Sightseeing sind die IC- und Regionalzug-Verbindungen besonders auf der linken Rheinseite geeignet, bei denen fast alle touristischen Höhepunkte des Rheintals vor dem Abteilfenster vorbeiziehen (www.bahn.de. Tel. 030 29 70).
Mit dem Flugzeug: Die Flughäfen Köln-Bonn (www.koeln-bonn-airport.de) und Frankfurt (www.frankfurt-airport.de) werden von vielen anderen deutschen sowie internationalen Flughäfen angeflogen.

Auskunft

Überregional
Tourismus NRW
Völklinger Straße 4, 40219 Düsseldorf, Tel. 0211 91 32 05 00, www.nrw-tourismus.de; Infos zum Abschnitt Köln bis Bonn und zum Siebengebirge

Rheinland-Pfalz Tourismus GmbH
Löhrstraße 103, 56068 Koblenz, Tel. 0261 91 52 00, www.rlp-tourismus.com Infos zum Abschnitt vom Rolandsbogen bis Mainz, nicht aber zum Rheingau (Hessen).

Hessen Agentur
Mainzer Straße 118, 65189 Wiesbaden, Tel. 0611 950 17 81 91, www.hessen-tourismus.de, Informationen u. a. zum Rheingau

Regional
Naturpark Siebengebirge
Forsthaus Lohrberg, Löwenburger Straße 2, 53639 Königswinter, Tel. 02223 90 94 94, www.naturpark7gebirge.de

Ahrtal-Tourismus
Oberstraße 8,
53474 Bad Neuenahr-Ahrweiler,
Tel. 02641 91 71 0, www.ahrtal.de

Eifel Tourismus Gesellschaft
Kalvarienbergstraße 1, 54595 Prüm,
Tel. 06551 96 56 0, www.eifel.info

Rheingau-Taunus Kultur und Tourismus GmbH
Haus der Region, Rheinweg 30,
65375 Oestrich-Winkel, Tel. 06723 60 27 20,
www.rheingau.com

Rheinhessen-Touristik GmbH
Otto-Lilienthal-Str. 4, 55232 Alzey,
Tel. 06731 8 99 89 00, www.rheinhessen.de

Essen und Trinken

Gerichte: Rheinischer Sauerbraten wird in seiner Urform aus Pferdefleisch zubereitet, heute kommt jedoch fast nur noch Rindfleisch auf den Tisch. Der **halve Hahn** im Kölner Brauhaus ist ein halbes Brötchen mit mittelaltem Gouda, bei **Himmel un Ääd** handelt es sich um Kartoffelbrei mit Apfel und Blutwurst. Muscheln „kutterfrisch" stammen zwar von der Nordsee, haben aber wie der Hering auch über den Strom auf die Tische im Rheinland gefunden. Man sieht, es wird traditionell eher deftig am Rhein gegessen.
Wild aus der Eifel, dem Westerwald, Hunsrück und Taunus bestimmt im Winter die Speisekarte. Der Eifler Rehrücken, den Zwei-Sterne-Koch Hans Stefan Steinheuer in Heppingen an der Ahr serviert, gilt als der landesweit beste. Zu gastronomischen Inseln in der eher gutbürgerlich orientierten Restaurantlandschaft des Rheintals gehören die Ahr und der Rheingau – beides sind prominente Weinregionen. Nicht zu vergessen Großstädte wie Köln, Bonn und Mainz, die sich bei Genießern mit einer Restaurantszene hervortun, die asiatische Einflüsse und neue deutsche Hochküche vereint. Zu einer **Weinstube** gehört ein ordentlicher Winzerteller mit viel Wurst und Schinken. In Mainz nennt sich der zum Schoppen gern servierte Weinstubenklassiker **Handkäs mit Musik,** gemeint ist ein in Essig, Öl und Zwiebeln marinierter Käse, dessen blähende Wirkung als Musik umschrieben wird.
Getränke: In Köln und Bonn trinkt man v.a. Bier. In Köln wird das obergärige, helle **Kölsch** gebraut und vom „Köbes" serviert. Die Kölsch-Konvention von 1985 regelt, welches Bier als Kölsch bezeichnet werden darf. Südlich von Bonn stehen die ersten Reben, **Wein** führt nun die Getränkekarten an. Die Qualität der Rheinweine ist nach langen Zeiten des Niedergangs wieder beachtlich. Aus dem Rheingau stammen schließlich einige der besten Rieslinge weltweit; die Ahr steht für geschätzte Spätburgunder. Doch es geht auch ohne Alkohol. Bekannte **Mineralwässer** stammen aus dem Rheinland. Das Rheintal ist ein altes Obstanbaugebiet: Eines der größten im Rheinland liegt im Raum Meckenheim bei Bonn. **Fruchtsäfte** aus Bad Hönningen oder Unkel sind ebenfalls regionaltypisch.

Naturparks

Zwischen Köln und Bonn reicht der Naturpark Rheinland bis ans Ufer des Stroms, ebenfalls der Naturpark Rhein-Westerwald, der Teile des Rheinischen Schiefergebirges umfasst, der Naturpark Nassau mit Teilen des Mittelrheins, der Naturpark Rhein-Taunus, zu dem der Rheingau gehört. In der Eifel wurde zudem der 14. Deutsche Nationalpark eingerichtet (www.nationalpark-eifel.de).

Reisezeit

Die Saison beginnt klassischerweise zu Ostern und endet um Allerheiligen. Im Winter haben viele Gastbetriebe geschlossen, die Kreuzfahrtschiffe liegen im Heimathafen für ein paar Monate vor Anker. Dabei hat das Rheintal gerade im Winter, wenn Schnee vielleicht die Höhen bedeckt, seinen besonderen, melancholischen Reiz. Wanderer kommen bevorzugt im Frühjahr

Der Kulturpark Sayn

BEISPIEL EINER EUROPÄISCHEN KULTURLANDSCHAFT

Der Kulturpark Sayn gehört aufgrund seiner hohen Attraktivität und Beliebtheit zu den Glanzpunkten der „Meisterwerke an Rhein & Mosel“ und zählt zu den Spitzenangeboten für Tourismus im nördlichen Rheinland-Pfalz.

Malerisch zwischen den Tälern von Sayn- und Brexbach gelegen bildet der Ort Sayn mit Schloss, Fürstlichem Schlosspark, Denkmalareal Sayner Hütte, dem Garten der Schmetterlinge, Burg Sayn, Abtei Sayn, Hein´s Mühle, Kletterwald und Welterbe Limes mit Römerturm eine einzigartige Symbiose zwischen erlebbarer Geschichte und hohem Freizeitwert.

www.kulturpark-sayn.de

Das „Mosaik von Lachs und Zander" auf Schloss Vollrads bezaubert nicht nur das Auge.

oder im Herbst. Im Sommer kann es sehr heiß werden – für Abkühlung sorgt der Strom, in den man die Füße tauchen kann. Spätsommer und Herbst sind absolute Hauptsaison: Es ist Weinlese, und das Rheintal zeigt sich in goldbunten Tönen.

Restaurants

In den Großstädten reicht die Spanne vom türkischen Imbiss über das Neobistro und den Italiener um die Ecke bis zum prämierten Gourmetrestaurant, auf dem Land vom einfachen Ausflugslokal über die Weinstube bis zur Feinschmeckeradresse mit Michelin-Stern.

Preiskategorien

€ € €	Menü	über 50	€
€ €	Menü	25–50	€
€	Menü	bis 25	€

Schiffstouren

In fast jedem touristisch interessanten Ort kann man mit lokalen Anbietern Halb- oder Ganztages-**Ausflugsfahrten** unternehmen; in **Köln** etwa mit der Köln-Düsseldorfer (www.k-d.com) nach Zons oder Rodenkirchen, in **Bonn** mit der Bonner Personen Schiffahrt (www.bonnschiff.de) oder der Personenschifffahrt Siebengebirgslinie (www.siebengebirgs linie-bonn.de) nach Königswinter, Unkel, Remagen oder Linz. In **Koblenz** kommt man mit Gilles Personenschifffahrt (www.gilles-personenschifffahrt.de) an die Moselmündung und den Mittelrhein oder in Bingen mit der Bingen-Rüdesheimer Fahrgastschifffahrt (www.bingen-ruedesheimer.de) nach Rüdesheim. In **Mainz** gelangt man mit der Primus-Linie (www.primus-linie.de) nach Rüdesheim und zur Loreley oder mit der Personen Schiffahrt Nikolay (www.schiffahrt-nikolay.de) zu den Burgen des Mittelrheins.
Linienfahrten von Köln nach Mainz mit Stopps an fast drei Dutzend Anlegeorten unternimmt die Köln-Düsseldorfer (s. o.; April–Okt.).

Mehrtägige **Rheinkreuzfahrten** haben eine lange Tradition. Folgende Gesellschaften führen Flusskreuzfahrten von unterschiedlicher Länge und Streckenführung auf dem Rhein durch: A-ROSA Flussschiff GmbH (www.a-rosa.de/flusskreuzfahrten), Nicko Cruises Flussreisen (www.nicko-cruises.de) und Phoenix Kreuzfahrten (Phoenix Reisen GmbH, www.phoenixreisen.com). Diese Fahrten können in jedem Reisebüro gebucht werden.
Dreamlines bietet als Zusammenschluss mehrerer Reedereien auf seinem Portal eine gute Übersicht der Angebote (Dreamlines GmbH, Hamburg, www.dreamlines.de).
Auch auf www.kreuzfahrten.de lassen sich Preise und Rhein-Reiserouten vergleichen.

Sport

Kanu, Kajak und Schwimmen: Wegen der starken Strömung und dem starken Schiffsverkehr eignet sich der Rhein nur für sehr erfahrene Kanuten und gute Schwimmer. Ungefährliche, auch für Anfänger empfehlenswerte Touren bieten sich auf den Nebenflüssen an, allen voran der **Mosel**, die man bis zur Mündung in den Rhein bei Koblenz abfahren kann (www.mosel-kanutours.de). Auch die **Lahn** ist

Info

Daten & Fakten

Lage: Drei Bundesländer teilen sich den knapp 180 km langen Rheinabschnitt von Köln bis Mainz. Auf Nordrhein-Westfalen entfällt der Abschnitt Köln bis Rolandseck, auf Rheinland-Pfalz der vom Rolandseck bis Mainz – mit Ausnahme des rechten Rheinufers zwischen Assmannshausen und Eltville, das zu Hessen gehört. Auch landschaftlich ist der Abschnitt in drei deutlich unterschiedliche Regionen unterteilt: Von Köln bis Bonn sind die Ufer relativ flach und kündigen flussabwärts den Niederrhein an. Dramatisch steigen hingegen die Ufer südlich von Bonn bis auf die Höhe von Assmannshausen und Bingen an. Mit einem scharfen Knick ändert der Rhein auf der Höhe von Bingen die Richtung. Die 25 km bis Mainz sind von sanft ansteigenden Hügeln gesäumt, die offiziell bereits zum Hochrhein zählen. Etliche Nebenflüsse münden in den Rhein, von denen der größte die Mosel ist. Zerklüftet und felsig sind auch die Ufer der Ahr.
Natur: Die Internationale Kommission zum Schutz des Rheins (IKSR) mit Sitz in Koblenz hat das Programm „Rhein 2040" verabschiedet (www.iksr.org/de/iksr/rhein-2040). In den Staaten im Rheineinzugsgebiet werden nun die ersten Schritte ergriffen, um die Umsetzung in die Wege zu leiten. Eines der wegweisenden Ziele des Programms ist es, Mikroverunreinigungen in Form von Arzneimitteln, Röntgenkontrastmitteln und Pflanzenschutzmitteln bis 2040 um mind. 30 % zu reduzieren. Ein weiteres Ziel betrifft die Fischdurchgängigkeit entlang des Rheins sowie in dessen Zuflüssen.
Bevölkerung: Während die Einwohnerzahlen von Köln (1 087 353 Einw.), Bonn (335 780 Einw.), Mainz (223 500 Einw.) und ihrer Peripherien relativ konstant bleiben, leidet das ländliche Rheintal an Bevölkerungsschwund. Auf den Höhen von Hunsrück, Eifel und Westerwald hat das Dorfsterben begonnen, während im Tal Tourismus, Weinbau, Landwirtschaft und die damit verbundenen Arbeitsplätze den Wegzug verlangsamen.
Wirtschaft: Als „Wirtschaftszentrum West" ist Köln Industriestadt (u. a. Automobil- und Maschinenbau, Elektrotechnik) und Messemetropole (Anuga, Art Cologne, DMEXCO, Gamescom) sowie als Standort für die Sektoren Dienstleistung, Handel, Banken und Versicherungen stark. Neun Sender sind in Köln vertreten, darunter der WDR und Europas RTL. Der Rhein, Europas meistbefahrene Wasserstraße, der internationale Flughafen Köln-Bonn und ein dichtes Autobahnnetz schließen die Domstadt an die europäischen Handels- und Wirtschaftsrouten an. Bonn hat sich erfolgreich von der Bundeshauptstadt zum Verwaltungs- und Wissenschaftsstandort gemausert, mit chemischer Industrie und Raffinerien am Stadtrand. Mainz ist als Landeshauptstadt von Rheinland-Pfalz zugleich Beamtenstadt und dank des ZDF Medienhochburg. Die Stadt profitiert als Industriestandort von der Lage am Rhein, der guten Autobahnvernetzung und der Nähe zu Deutschlands größtem Flughafen Frankfurt Airport. Für alle drei Städte kommt der Tourismus als bedeutende wirtschaftliche Aktivität hinzu.
Die Landwirtschaft spielt nach wie vor eine große Rolle. Von Köln bis Bonn ist der Anbau von Obst, Gemüse und Zuckerrüben bedeutend, südlich von Bonn der Weinbau.

ein beliebtes Kanu- und Kajakrevier (www.lahnkanu.com).
Radwandern und -fahren: Die Euro-Velo-Route 15, der 1230 km lange **Rheinradweg** (de.eurovelo.com/ev15), folgt dem Rhein von seiner Quelle in der Schweiz bis zur Mündung bei Rotterdam. Der Fernradweg führt vorbei an 46 UNESCO-Welterbestätten und verläuft größtenteils beiderseits des Stroms. Als Radweg werden ehem. Treidelpfade genutzt. Etliche mit dem Logo Bett & Bike zertifizierte Unterkünfte sind auf Radfahrer eingestellt. Mehrtägige, ein- oder zweiwöchige Touren durch den attraktiven Mittelrhein können über die Tourist-Informationen von Rheinland-Pfalz und Nordrhein-Westfalen gebucht werden. Weitere Infos zu Radtouren: www.outdooractive.com und beim ADFC (www.adfc.de).
Lahn-Radweg (Lahnstein–Weilburg–Gießen–Netphen, 245 km; www.daslahntal.de) oder **Mosel-Radweg** (Metz–Trier–Koblenz, 310 km; www.visitmosel.de) sind auch als Teilstücke Alternativen längs der Nebenflüsse des Rheins. Ihr Vorteil: Es gibt weniger motorisierten Verkehr neben dem Radweg als bei einigen Abschnitten des Rheinradwegs. Die Mittelgebirge oberhalb des Tals sind ein Dorado für **Mountainbiker** mit vielen Trails für jeden Schwierigkeitsgrad. Ein Tipp: Bikepark Boppard (www.boppard-tourismus.de/freizeitspass-entspannen/mountainbike-bikepark; April–Okt.).

Wandern: Mit dem rechtsrheinischen **Rheinsteig** (Bonn–Wiesbaden, 320 km; www.rheinsteig.de, Markierung: großes, den Rhein symbolisierendes R) und dem bes. zu empfehlenden linksrheinischen **RheinBurgenWeg** (Rolandsbogen–Bingen, 200 km; www.rheinburgenweg.com, Markierung: von Zinnen gekröntes großes R) lockt das Rheintal mit zwei erstrangigen Fernwanderwegen. Für beide können über die Tourist-Informationen von Rheinland-Pfalz und Nordrhein-Westfalen Karten bezogen und Wanderpackages gebucht werden. Fernwanderwege in den Seitentälern des Rheins: **Ahrsteig** (Blankenheim bis Sinzig, 110 km, teils parallel zum Rotweinwanderweg, s. S. 55; www.ahrsteig.de) und **Moselsteig** (Perl–Koblenz, 365 km, www.visitmosel.de/wandern).
Als Halb- oder Ganztageswanderungen empfehlen sich Rundwanderwege wie der **Rheingoldbogen** bei Boppard (13 km; s. S. 77). Auf dem **Waldschluchtenpfad** bei Vallendar (19 km) wandert man durch Buchenhochwälder. Beide gehören zu den sog. Traumpfaden (www.traumpfade.info).

Unterkunft

Hotels und Pensionen: Das Angebot ist groß. Zu Messezeiten oder Großveranstaltungen wie Karneval können die Preise v. a. in den Städten stark nach oben gehen. Alle auf den Info-Seiten der einzelnen Kapitel vorgestellten Häuser wurden vom Autor getestet.
Camping: Plätze mit Bewertung werden vorgestellt auf Websites wie www.camping.info, www.campingplatz.de oder www.pincamp.de.
Jugendherbergen: Über www.jugendherberge.de (Link „Reiseziel", dann den jeweiligen Ort eingeben) sind sie in **Köln** (Pathpoint Cologne; Köln-Riehl; Köln-Deutz) und **Bonn** (Haager Weg 42) erreichbar. Die folgenden JHs sind erreichbar über: www.diejugendherbergen.de – **Koblenz** (Jugendherberge Festung Ehrenbreitstein), **Oberwesel** (Rheintal-Jugendherberge), **Bacharach** (Jugendherberge Burg Stahleck), **St. Goar** (Loreley-Jugendherberge), **Kaub** (Rheinsteig-Jugendherberge), **Bingen** (Rhein-Nahe-Jugendherberge) und **Mainz** (Rhein-Main-Jugendherberge).
Infos: Deutsches Jugendherbergswerk, Tel. 05231 7 40 12 20, www.jugendherberge.de

Preiskategorien

€€€	Doppelzimmer	über 160	€
€€	Doppelzimmer	90–160	€
€	Doppelzimmer	bis 90	€

Info

Geschichte

58 v. Chr.: Der römische Feldherr Cäsar stößt bis an den Rhein vor.
9 v. Chr.: Niederlage der Römer unter Varus gegen die Germanen bei Kalkriese. Der Rhein wird für Jahrhunderte zur Grenze zwischen Römern und Germanen.
um 800: Karl der Große dehnt das Frankenreich über die Rheingrenze aus.
1288: Der Kölner Erzbischof unterliegt in der Schlacht von Worringen: Köln wird Freie Reichs- und bedeutendste deutsche Stadt.
1388: Gründung der Universität zu Köln.
um 1450: Gutenberg erfindet in Mainz den Druck mit beweglichen Gusslettern.
1476: Gründung der Universität Mainz.
1689: Die Truppen Ludwigs XIV. wüten im Rheintal. Burgen werden zerstört.
1786: Gründung der Universität Bonn.
1794–1815: Das linke Rheinufer wird v. frz. Truppen besetzt. Im Wiener Kongress 1815 kommt das Rheinland zu Preußen.
1919: Der Friedensvertrag von Versailles öffnet den Rhein der internationalen Schifffahrt.
1939–1945: Zweiter Weltkrieg. Köln, Koblenz und Mainz werden fast völlig zerstört.
1949: Bonn wird provisorische Hauptstadt der Bundesrepublik Deutschland.
1999: Umzug der Regierg. nach Berlin.
2002: Aufnahme des Oberen Mittelrheins in die UNESCO-Welterbeliste.
2005: Aufnahme des römischen Limes in die UNESCO-Welterbeliste.
2009: Durch Arbeiten für eine neue U-Bahn-Linie stürzt Kölns Stadtarchiv ein.
2011: Für die Bundesgartenschau wird das Stadtbild von Koblenz durchgreifend saniert.
2014: In Köln kommt das Jahrhundertprojekt Rheinauhafen zum Abschluss.
2015: Neue archäologische Funde in Ingelheim beweisen, dass der Ort bis zu 150 Jahre vor dem Bau der Kaiserpfalz besiedelt war.
2016: Die Uferpromenade in Köln-Deutz wird neu gestaltet.
2016–2019: Umgestaltung des Loreley-Plateaus (www.loreley-besucherzentrum.de).
2020: Im 67 km langen Mittelrheintal starten Planungen für die Bundesgartenschau 2029.
2021: Mainz, Worms und Speyer bewerben sich als ehemalige Zentren jüdischen Lebens bei der UNESCO als Weltkulturerbe. Die Karnevalssaison entfällt wg. Corona. Eine durch Starkregen ausgelöste Hochwasserkatastrophe richtet im Ahrtal verheerende Zerstörungen an. 135 Menschen sterben. Die Wiederaufbauarbeiten dauern bis heute an.
2024: Rüdesheim feiert 950-jähriges Jubiläum. Der bekannteste Ort im Rheingau wurde 1074 erstmals urkundlich erwähnt.
2026: Voraussichtl. Eröffnung des Leibniz-zentrums für Archäologie in Mainz.

Veranstaltungen

Feb./März: Ob Karneval oder Fastnacht, die Fünfte Jahreszeit wird im Rheinland ausgiebig gefeiert. Höhepunkt sind die tollen Tage von Weiberfastnacht bis Rosenmontag (Umzüge).
Mai/Juni: Mülheimer Gottestracht, Schiffsprozession zu Fronleichnam vom rechtsrheinischen Köln-Mülheim bis zur Zoobrücke und vom linken Ufer zu Fuß weiter zum Dom (www.clemens-mauritius.de/gottestracht).
Mai–Aug.: Die Brühler Schlosskonzerte bieten hochkarätige klassische Konzerte in Schloss und Gärten, Abschluss mit Feuerwerk und Werken von Haydn (www.schlosskonzerte.de).
Mai–Sept.: Rhein in Flammen mit großem Feuerwerk, dem größten Schiffskorso Europas und bengalisch erleuchteten Rheinburgen. An verschiedenen Orten und Zeiten zw. Bonn und Bingen (www.rhein-in-flammen.com).
Juni: Mainzer Johannisnacht am Rheinufer mit Konzerten (www.mainzer-johannisnacht.de).
Juni–Aug.: Open-Air-Konzerte auf der Freilichtbühne der Loreley (Rock, Pop, Electro und Volksmusik; www.loreley-freilichtbuehne.de).
Ende Juni–Aug.: Rheingau Musik Festival mit über 150 Konzerten von Klassik bis Weltmusik, in Klöstern, auf Weingütern und Schlössern (www.rheingau-musik-festival.de).
Juli: Kölner Lichter mit Großfeuerwerk und nächtlich beleuchteter Schiffsflotte (www.koelner-lichter.de).
Ende Aug./Anf. Sept.: Mainzer Weinmarkt, mit Musik (www.mainzer-weinmarkt.de).
Dez.: Weihnachtsmärkte in Köln, Bonn, Koblenz und Mainz.

Urlaub erinnern ...

Die Auswahl ist riesig, der Koffer, ach was, selbst der Kofferraum ist wie üblich zu klein. Macht nichts! Vieles passt einfach in den Kopf. Für den Rest findet sich schon ein Plätzchen.

EIN TRAUM VON EINER WANDERUNG

Die Traumpfade am Rhein bedeuten Wandervergnügen pur. Intakte Natur, wenig Asphalt, nette Einkehrmöglichkeiten und eine perfekte Ausschilderung sind Standard. An den spektakulärsten Aussichtspunkten laden rückenfreundlich gewellte Liegebänke zum Chillen ein. Meine Lieblingsbank? Steht an der „Rhenser Wolfsdelle“ (traumpfade.info).

KEINE RHEINROMANTIK

In Bad Münster am Stein (rund 25 km südl. von Bingen) steht ein Bau wie kein zweiter im Rheinland: das Skulpturenmuseum des Künstlerpaares Kubach-Wilmsen. Viel Beton, viel Minimalismus, beides verrät die Handschrift des japanischen Stararchitekten Tadao Ando. Was als Abwechslung von all der Rheinromantik in bester Erinnerung bleibt (fondation-kubach-wilmsen.de).

HETZE IM DOM

Die mittelalterliche Doppeltafel im Chorgestühl des Kölner Doms zeigt links Juden, die eine Sau hochhalten – ein nach jüdischem Glauben unreines Tier –, rechts eine zweite Sau und weitere Juden, von denen einer ein Kind führt – die böse Mär vom Kinderritualmord. Jetzt hat das Domkapitel einen Wettbewerb für „ein zeitgenössisches Kunstwerk mit der Darstellung von Juden und Christen“ ausgeschrieben. 2024 waren die teilnehmenden Künstler zur Ortsbesichtigung im Dom. Wurde aber auch Zeit – und erfüllt mich mit dem Gefühl, dass es für Gerechtigkeit nie zu spät ist.

FLACHWASSER-FÄHRE

Alle Sommer wieder: Niedrigwasser, der Strom wird zum Rinnsal. Der Schiffsverkehr wird eingestellt. Nicht so die Fähre von Michael Schnaas, die Niederheimbach mit Lorch verbindet. Mit seiner Flachwasser-Fähre (mittelrhein-faehre.de) rutscht der Fährmann auch bei nur wenigen Zentimetern Wasser sicher über den Kies. Ist notiert für die nächste Trockenperiode ...

»WENN MEIN SOHN VON FRANKFURT NACH MAINZ REIST, SO BRINGT ER MEHR KENNTNIS HEIM ALS ANDERE AUS AMERIKA.«

Catharina Elisabeth Goethe (1731–1808), Mutter von Johann Wolfgang von Goethe

ZEMENT MIT ORNAMENT

Alles begann in Barcelona, wo Norbert Kummermehr und Almut Lager die Liebe zur Zementplatte entdeckten. Heute begrüßen sie uns in ihrem umwerfenden Showroom in einer ehem. Kellerei in Bacharach. Ihre Firma Via stellt mal verschnörkelte, mal grafisch strenge Bodenfliesen nach alter Tradition her. Jeder Besuch macht Lust, zu Hause zu schauen, wo welches Muster passen könnte (viaplatten.de).

WINZERGLÜHWEIN

Glühwein vom Winzer unterscheidet sich von den Industrieglühweinen dadurch, „dass am Gaumen der Wein zu spüren ist". Sagt Winzer Stefan Keßler aus Martinsthal, dessen Glühwein „Winterzauber" der Renner auf den Weihnachtsmärkten im Rheingau ist. Im 5-Liter-Bag-in-Box und ab Hof ist er mitzunehmen (weingut-kessler.de).

DREI WS SOLLT IHR SEIN!

Weck, Worscht un Woi: Diese drei Ws sind in Mainz überlebensnotwendig. Die Fleischwurst (Worscht) essen Mainzer traditionell mit einem Paarweck (Weck) und trinken dazu ein Gläschen Wein (Woi). Was die rheinland-pfälzische Hauptstadt zur No-go-Area für vegetarische Antialkoholiker macht. Zu denen ich nicht zähle ...

MORGENRÖTE AM MITTELRHEIN

Eines der spannendsten Restaurants Deutschlands liegt am Rhein: Im „Purs" in Andernach serviert der in Südkorera geborene und in Schweden aufgewachsene Peter Fridén Sterneküche mit asiatisch-japanischen, skandinavischen und französischen Einflüssen (purs.com/purs/purs-restaurant/).

OHNE BÖSEN WOLF

Was den sächsischen Sekthersteller Rotkäppchen-Mumm veranlasst hat, mit dem Ludwig-von-Kapff-Weinlager in Eltville eine der modernsten Vinotheken Deutschlands zu eröffnen? Ganz einfach. Der hier jeden Mai gefeierte „Tag des Sekts" gab den Ausschlag. Ansonsten ist hier alles Hightech. Und eine Lektion in Sachen Aromen und Abgang (ludwig-von-kapff.de/weinladen-eltville).

DÖNER DER FREUNDSCHAFT

Lukas Podolski, Fußballstar und Homo Colonius, kann auch Döner. An der Bonner Straße hat „Poldi" eine Dönerbude eröffnet, auf die schnell ein halbes Dutzend weiterer Filialen in der Domstadt gefolgt sind. Einerlei: Der „Döner der Freundschaft" bleibt der beste Döner meines Lebens! (mangal-lp10.de).

REGISTER

Fette Ziffern verweisen auf Abbildungen

IMPRESSUM

DuMont Bildatlas Rhein zwischen Köln und Mainz, 6. Auflage 2025
ISBN 978-3-616-01284-1

Redaktion: Susanne Völler
Text: Klaus Simon
Exklusiv-Fotografie: Christian Bäck
Titelbild: Mauritius Images/ Alamy/David Crossland (Loreley)
Zusätzliches Bildmaterial: Klaus Simon S. 3 re.; Huber-Images/G. Gräfenhain S. 8/9; Getty/A. Copson/robertharding S. 18/19; www.weingut-matthias mueller.de S. 20; weingut-robert-weil.com 21 o. li., 21 u.li.; Kaum S. 21 o. re.; Mauritius Images/ roeder Photography 21 u. re.; laif/T. Linke S. 24 u.; Mauritius Images/Alamy/Y. Levi S. 34 re.; Peter Bender S. 34 li. (fetz-hotel.de), www.fetz-hotel.de S. 35 u.; FUER DICH Genuss/maibeck.de S. 35 o. li., re.; picture alliance/dpa/picture alliance/JOKER/Petra Steuer 39 M., re.; Mauritius Images/Volker Preusser, S. 44 u.; Thomas Naethe, Bendorf-Sayn S. 50, 51 o. li.; Traumpfade/Klaus-Peter Kappest S. 77 M., re.; laif/M. Kirchgessner S. 80 o. li.; Mauritius Images/T. Krüger S. 80 o. re.; Mauritius Images/C. Bäck S. 86 u. re., 114 re., 115 u. li.; DuMont Bildarchiv/S. Lubenow S. 93 u. re., 94 o. li.; DuMont Bildarchiv/A. Selbach S. 71 u.; Markus Bassler S. 95 re., li. (www.weingutpjkuehn.de); shutterstock/Bastian Kienitz S. 104 u.; DuMont Bildarchiv/U. Bernhart S. 112; DuMont Bildarchiv/J. A. Fischer S. 111 o. re.; Look-foto/H. Dressler S. 114 li.; Look-foto/J. Sackermann S. 115 u. re.; Mauritius Images/Westend61/G. Wojciech S. 115 o. li.; moodley brand identity – picture alliance/dpa/Fredrik Von Erichsen S. 120 li.; picture alliance/dpa/Thomas Frey S. 120 re.; Michael Königshofer S. 121 u. M.; VIA GmbH, Bacharach S. 121 o. li., o. re.; www.saschaventuri.com S. 121 u. li. (rotkaeppchen-mumm.de)

Grafische Konzeption: fpm factor product münchen
Layout und Cover-Gestaltung: CYCLUS · Visuelle Kommunikation, Stuttgart
Kartografie: © KOMPASS-Karten GmbH, A-6020 Innsbruck; MAIRDUMONT, D-73751 Ostfildern; Kartografie Lawall, D-72669 Unterensingen (Karten für »Unsere Favoriten«)
Reproduktionen: PPP Pre Print Partner, GmbH & Co. KG, Köln

Lob oder Kritik? Wir freuen uns auf eine Nachricht! Trotz gründlicher Recherche schleichen sich manchmal Fehler ein. Wir bitten um Verständnis, dass der Verlag dafür keine Haftung übernehmen kann.
Redaktion DuMont Reise • MAIRDUMONT • info@dumontreise.de

Anzeigenvermarktung: MAIRDUMONT MEDIA, Tel. 0711/4502-0, Fax 0711/4502-1012, media@mairdumont.com, http://media.mairdumont.com

Printed in Germany